Fazendo cinema na escola

CIP-BRASIL. CATALOGAÇÃO NA PUBLICAÇÃO
SINDICATO NACIONAL DOS EDITORES DE LIVROS, RJ

M725f

Moletta, Alex, 1972–
　　Fazendo cinema na escola : arte audiovisual dentro e fora da sala de aula / Alex Moletta. – 1. ed. – São Paulo : Summus, 2014.
　　128 p. : il. ; 21 cm.

　　Inclui bibliografia
　　ISBN 978-85-323-0933-4

　　1. Cinema. 2. Comunicação. 3. Recursos audiovisuais. I. Título.

13-07224　　　　　　　　　　　　　　　　　CDD: 791.4
　　　　　　　　　　　　　　　　　　　　　　CDU: 791

www.summus.com.br

Compre em lugar de fotocopiar.
Cada real que você dá por um livro recompensa seus autores
e os convida a produzir mais sobre o tema;
incentiva seus editores a encomendar, traduzir e publicar
outras obras sobre o assunto;
e paga aos livreiros por estocar e levar até você livros
para a sua informação e o seu entretenimento.
Cada real que você dá pela fotocópia não autorizada de um livro
financia o crime
e ajuda a matar a produção intelectual de seu país.

Fazendo cinema na escola

Arte audiovisual dentro e fora da sala de aula

Alex Moletta

summus editorial

FAZENDO CINEMA NA ESCOLA
Arte audiovisual dentro e fora da sala de aula
Copyright © 2014 by Alex Moletta
Direitos desta edição reservados por Summus Editorial

Editora executiva: **Soraia Bini Cury**
Editora assistente: **Salete Del Guerra**
Capa: **Alberto Mateus**
Imagem de capa: **iStock Photo**
Projeto gráfico e diagramação: **Crayon Editorial**

1ª reimpressão, 2022

Summus Editorial
Departamento editorial
Rua Itapicuru, 613 – 7º andar
05006-000 – São Paulo – SP
Fone: (11) 3872-3322
http://www.summus.com.br
e-mail: summus@summus.com.br

Atendimento ao consumidor
Summus Editorial
Fone: (11) 3865-9890

Vendas por atacado
Fone: (11) 3873-8638
e-mail: vendas@summus.com.br

Impresso no Brasil

SUMÁRIO

Apresentação **9**

CAPÍTULO 1 • Por onde começar **11**
Adaptação literária **12**
Ficção autoral **15**
Animação **19**
Documentário **23**
Videoclipe musical **27**
Videocrônica **31**

CAPÍTULO 2 • Formando uma equipe **37**

CAPÍTULO 3 • Pesquisando e estudando um tema **41**

CAPÍTULO 4 • Criando a história – A elaboração do roteiro **43**

CAPÍTULO 5 • Escolhendo as locações e iniciando a produção **47**

CAPÍTULO 6 • Selecionando o elenco **53**

CAPÍTULO 7 • Levantando a produção **57**

CAPÍTULO 8 • Dirigindo um curta-metragem **61**
Plano geral (PG) **63**
Plano aberto (PA) **64**
Plano americano (PAm) **65**
Plano conjunto (PC) **66**
Plano médio (PM) **67**
Plano fechado (PF) **68**
Close-up **69**
Plano detalhe (PD) **70**
Plano subjetivo **71**
Primeiro e segundo planos **72**

CAPÍTULO 9 • Pensando a fotografia **77**

CAPÍTULO 10 • Pensando a direção de arte **79**

CAPÍTULO 11 • A importância do áudio **81**

CAPÍTULO 12 • Equipamentos mínimos necessários **85**

CAPÍTULO 13 • Realizando as gravações **89**

CAPÍTULO 14 • Excesso de confiança **93**

CAPÍTULO 15 • Editando o curta-metragem **97**

CAPÍTULO 16 • Finalização e formato adequados para exibição **103**
Créditos **103**
Exportando o vídeo: formatos **103**

CAPÍTULO 17 • Divulgação e apresentação visual **105**

Plano de divulgação para internet **105**

Arte gráfica: DVD e pôster **106**

CAPÍTULO 18 • Exibição do curta **107**

CAPÍTULO 19 • Notas sobre o fim, ou o começo **111**

Glossário **113**

Livros e sites **121**

APRESENTAÇÃO

ASSIM COMO VIVEMOS A REVOLUÇÃO da escrita e a revolução da imprensa, hoje estamos vivendo a revolução tecnológica da comunicação audiovisual. Todos os dias, assistimos a dezenas de vídeos pela internet, nos celulares, câmeras fotográficas digitais, iPads, iPhones, tablets etc. Recebemos informações, nos entretemos, trocamos experiências, expressamos ideias e opiniões por meio de vídeos de curta-metragem. Mas até quando vamos protelar o estudo, a prática e o estímulo à produção dessa poderosa linguagem no âmbito escolar? Até quando vamos ficar só observando nossas crianças e jovens, já imersos nesse fluxo constante de aprendizado e compartilhamento audiovisual, criando, recriando e produzindo conteúdos audiovisuais sem um direcionamento didático/pedagógico na sala de aula?

Assim, esta obra objetiva transformar o aprendizado audiovisual acadêmico num processo mais lúdico, simples e direto, inspirando-se na relação que tais crianças e jovens estabeleceram com a tecnologia e a comunicação nas redes sociais e no uso que eles já fazem dos recursos audiovisuais disponíveis ao toque dos dedos.

Este texto também tem por objetivo organizar o potencial de criação e de conhecimento que os jovens, há muito, vêm adquirindo com o uso constante dessas novas tecnologias em seu dia a dia. Visa ainda transformar esse potencial em expressão artística, social e – por que não? – educacional, complementando o trabalho didático/pedagógico desses alunos em sala de aula e dando-lhes a oportunidade de ser protagonistas de seu aprendizado e da formação de seu senso crítico.

A fim de tornar a leitura ainda mais didática, os termos destacados em versalete ao longo do texto são explicados em um glossário no final do livro.

Vamos fazer um curta-metragem?

CAPÍTULO 1

Por onde começar

UM BELO DIA, NOSSO professor entrou na sala decidido a mudar drasticamente nossa rotina diária e perguntou em alto e bom som: "Vamos fazer um CURTA?" Ele simplesmente nos lançou o desafio de produzir um curta-metragem para ser exibido na mostra de artes da escola. Depois da empolgação causada pela ideia de produzirmos um vídeo como trabalho extracurricular, "valendo nota", surgiu a dúvida: por onde começar? Principalmente porque o professor nos deu liberdade total para fazermos o que desejássemos.

Nossa primeira discussão foi para decidir que GÊNERO de vídeo faríamos. Um alvoroço tomou conta da aula. Para pôr ordem no caos, inicialmente o professor nos sugeriu fazer uma adaptação literária, transpor apenas um capítulo de um romance que já havíamos trabalhado, adaptar um conto ou até mesmo um poema. Mas alguns colegas não concordaram: uns sugeriram uma ficção de terror, outros uma animação; uma colega falou em fazer um documentário, enquanto outro disse preferir um videoclipe musical... Foi difícil entrarmos num acordo. O professor interveio e pediu que primeiro pesquisássemos o GÊNERO de curta que gostaríamos de fazer para apresentar na forma de SEMINÁRIO a toda a sala, e só então escolhêssemos o gênero com que iríamos trabalhar. E assim foi feito.

Na aula da semana seguinte, alguns alunos, eu inclusive, que se ofereceram para a pesquisa estavam preparados para convencer o restante da turma a optar pelo seu gênero de produção. Eu imaginava que seria chamado por último, mas fui o primeiro. Meu seminário seria sobre *adaptação literária*.

Adaptação literária

Ao me preparar para a apresentação, além de assistir a filmes adaptados de obras literárias, utilizei um recurso indispensável (mas não o único): sites de buscas e pesquisas na internet, como GOOGLE, WIKIPÉDIA, YAHOO! e BING.

Basicamente ao fazermos uma adaptação literária para audiovisual, usamos um romance, conto, poema, crônica ou biografia para realizar um filme ou vídeo. A "adaptação" já deixa implícita a ideia de que não é possível transpor a obra toda, como foi escrita e concebida pelo autor, para a linguagem audiovisual. Simplesmente por serem duas linguagens distintas. Enquanto a linguagem textual da literatura utiliza as palavras e a imaginação do leitor, a obra audiovisual apresenta a imagem pronta ao espectador, somada aos recursos de som e efeitos sonoros, trilha sonora musical, diálogos, além de textos em sobreposição, como créditos e legendas. No livro imaginamos; no filme, vemos e ouvimos. Para que isso aconteça, é necessário "ajustar" a história do livro para que seja gravada ou filmada, para que seja vista e ouvida. Um exemplo prático disso é quando, no texto, a personagem faz um exame de consciência, como: "Ao ouvir aquelas palavras, uma vaga tristeza tomou meu peito e percebi que estava equivocado". É muito difícil gravar essa frase. Além do mais, não podemos gravar todo o texto narrado, pois um filme precisa de ação. Muito texto narrado pode tornar o filme chato, com excesso de informação e pouca ação, desinteressando o espectador.

Foi nesse momento que um colega de classe perguntou:

— Mas como transformar um texto literário em vídeo?

Outro colega emendou uma afirmação:

— Não é possível cortar partes de um texto sem perder a essência da obra!

Respondi que era possível, sim. E fui até o quadro negro, onde escrevi duas das principais observações que devemos fazer ao iniciar um trabalho de adaptação de um texto literário: *adaptação fiel* e *adaptação livre*.

Na adaptação fiel, precisamos estudar muito bem a obra e procurar cortar os trechos que não podem ser gravados – sentimentos, pensamentos e reflexões das personagens –, bem como a descrição de pessoas e lugares. Temos de focar muito mais nas ações e reações das personagens na TRAMA, ou seja, devemos "mostrar" o que está escrito. Portanto, boa parte do texto e dos diálogos pode ser mantida no roteiro. A dica para encontrar esses momentos de corte é primeiro identificar que AÇÕES e DIÁLOGOS não podem ser cortados de maneira alguma; trechos que, se retirados, farão que a história perca sentido. Nada do que é extremamente essencial pode ser cortado, a menos que isso seja mostrado de outra forma no vídeo. Outra dica é ler o texto todo e contar o que leu a outra pessoa: você só se lembrará do que for essencial à história, todo o resto será esquecido. A partir daí, podemos começar o trabalho de adaptação.

Já na adaptação livre a obra serve apenas como importante referência para um novo roteiro, que não precisará seguir fielmente o que está escrito, mantendo apenas a essência da trama e das personagens.

O mais importante na adaptação literária para uma obra audiovisual, seja ela qual for, é não ter medo de adaptá-la. Se você estudar o texto, identificar a trama, conhecer o contexto, entender as ações e reações das personagens, compreender sua TRAJETÓRIA dentro da história, terá mais chances de fazer uma boa adaptação. Quando adaptamos um texto literário para uma obra audiovisual, aprendemos mais sobre a própria obra. Durante a adaptação é preciso ler, pesquisar, refletir e discutir o texto com os colegas, coisas que não fazemos quando a lemos somente.

Adaptar significa reelaborar a história com base na trama principal, decidir se há espaço ou não para manter histórias e personagens secundárias e não perder o foco do tema principal. Numa adaptação, cortar trechos do texto, excluir personagens ou cenas, alterar situações, tempo ou espaço nos quais ocorrem os fatos não significa uma descaracterização da autoria.

Devemos estar cientes de que uma adaptação não é a obra original, portanto não podemos esperar que ela esteja completamente inserta na obra audiovisual. A adaptação serve para despertar o interesse pela experiência humana que o texto nos apresenta e para mostrar a obra a um novo público. Além disso, nos dá a possibilidade de criar outros olhares sobre o mesmo tema.

A impressão que a maioria dos leitores tem quando vai ao cinema assistir a uma adaptação literária é verdadeira: o filme não é igual ao livro. Afinal, o livro foi todo imaginado pelo leitor, ao passo que o filme é a visão de outras pessoas sobre a mesma obra.

Encerrei o seminário dizendo que devíamos adaptar um texto literário que fosse utilizado em vestibulares, pois teríamos a chance de, além de fazer um curta-metragem, aprender mais sobre literatura de um jeito diferente.

Depois de minha apresentação, exibi aos colegas dois curtas-metragens adaptados de um mesmo conto, um seguindo a linha da adaptação fiel e outro a da adaptação livre. Os curtas complementaram tudo que eu havia dito e geraram um belo debate. Na aula seguinte, seria a vez de Sérgio Pires, nosso colega da primeira fileira, falar sobre curta de ficção autoral.

Na semana seguinte, quando chegamos à sala de aula, o Sérgio já estava com um telão montado, um projetor de vídeo e um notebook. Um *slide* já exibia no telão o título do seminário. Pensei que eu devia ter montado minha apresentação da mesma forma, mas agora era tarde... Em meio às brincadeiras dos alunos, que o chamavam de *nerd*, ele exibiu um sorrisinho tranquilo e aguardou que todos se acomodassem. O professor sentou-se no lugar dele na sala e pediu silêncio a todos.

Ficção autoral

Sérgio começou sua apresentação explicando que o termo "ficção" é usado para designar a simulação ou imaginação da realidade, ou seja, uma história que parece real, mas foi criada pela imaginação do autor. E concluiu: ficção é tudo aquilo imaginado por alguém simulando uma realidade. Já a palavra "autoral" deriva do termo "autor" – o responsável pela criação de uma obra. Portanto, ficção autoral nada mais é que a simulação da realidade imaginada, criada por alguém e transformada numa obra artística, seja ela de literatura, pintura, cinema, música etc. Sérgio foi avançando os SLIDES à medida que ia falando. Notei que o programa utilizado por ele era o PHOTOSTAGE.

Então ele explicou que a ficção surgiu como uma necessidade de darmos sentido às nossas experiências, de contarmos uma história, mesmo que seja em parte imaginada, para transmitirmos ideias, opiniões, conceitos sobre determinado assunto, mas principalmente para compartilhar nossa experiência com as outras pessoas. No *slide* seguinte, Sérgio selecionou uma imagem de figuras rupestres, feitas por homens pré-históricos, para exemplificar que o ato de contar histórias sobre experiências vividas era uma questão de sobrevivência. Os antigos caçadores relatavam suas caçadas – por vezes de maneira fantasiosa – aos mais jovens, que aprendiam com isso e ficavam mais bem preparados para quando chegasse a sua vez de ir à caça. Com isso, contar e ouvir histórias passou a fazer parte da vida das pessoas até hoje.

Filmes e vídeos de curta-metragem de ficção podem ser incluídos em diversos gêneros, como drama, romance, ação/aventura, suspense, terror, comédia, animação etc. O importante é saber que a ficção autoral nos dá a oportunidade de refletir sobre nossa realidade e nossas experiências. Apresentando nossa visão de mundo – sem a necessidade de usar a obra de nenhum outro autor –, seremos autores de nossa história. Ninguém melhor que nós mesmos para expressar o que pensamos e sentimos, nossos conflitos e desejos.

Quando criamos uma história, o fazemos com base em nossas experiências e nas experiências de pessoas que conhecemos, em leituras, filmes, sonhos, notícias, vídeos da internet ou até mesmo de e-mails que trocamos diariamente. De súbito, Sérgio foi interrompido por um colega do outro lado da sala.

— Mas então o que inventamos na verdade é copiado de outras pessoas?

— De certa forma sim — respondeu ele calmamente. — Mas não podemos afirmar que é uma cópia se colocarmos nossa visão dos fatos. Ninguém pode copiar o pensamento do outro, sempre teremos visões diferentes sobre o mesmo assunto. O importante é sabermos que quando criamos uma obra original estamos nos colocando por inteiro, sendo a responsabilidade toda nossa. Vamos usar um exemplo claro: digamos que um diretor renomado de cinema venha até nossa escola para fazer um filme sobre estudantes do ensino médio. Pode até ser um bom filme sobre esse tema, mas não será um filme sobre nossa realidade nesta escola. Provavelmente vamos discordar de várias coisas mostradas, porque não é o que acontece aqui todos os dias; será a visão do roteirista e do diretor do filme sobre "uma" escola e não a nossa visão sobre a "nossa" escola. Se surgir a ideia de criar um filme sobre esta escola, não haverá ninguém melhor que nós para fazê-lo.

Uma aluna levantou a mão pedindo permissão para falar.

— Só que o filme que esse diretor fizer aqui vai ser muito melhor que o nosso...

Todos caíram na gargalhada. Sérgio ajeitou os óculos, esperou que a algazarra terminasse e encarou a aluna.

— É aí que você se engana, e vou explicar por quê. Se for melhor em relação ao tamanho da produção e do elenco com atores famosos, tudo bem, mas isso não significa que todas as pessoas desta escola gostarão do filme. Aliás, o filme pode não ter nada a ver com a nossa escola. Poderia ser uma escola qualquer. O que estou querendo dizer é que não precisamos ter milhões de reais e os atores de novela para que nosso filme seja bom e agrade ao nosso público — completou.

O professor interveio para dizer que o projeto de fazer um curta na escola surgiu exatamente com a hipótese de que o bom filme não se baseia no orçamento, em equipamentos profissionais ou em atores famosos, mas sim em boas ideias, criatividade, muito trabalho e organização. Nosso colega André Okuma – o oriental mais calado do mundo – citou a célebre frase "Uma câmera na mão e uma ideia na cabeça", assustando a todos com a interrupção. O Okuma nunca falava!

O professor levantou e afirmou que a frase era ótima, mas que apenas boas ideias não fazem um filme legal. Explicou que GLAUBER ROCHA citou essa frase mais como forma de provocação, querendo dizer que não há necessidade de grandes estúdios, com milhares de profissionais, orçamentos gigantescos e equipamentos de última geração para fazer um bom filme. Dito isso, pediu que o colega prosseguisse.

Sérgio terminou de exibir o último *slide* afirmando que a melhor forma de se expressar é fazer um curta-metragem de ficção autoral cujo conteúdo gere identificação no público, refletindo a realidade. E finalizou sua apresentação assegurando que a classe poderia fazer aquilo, mesmo sendo mais desafiador que adaptar uma obra literária.

Nesse momento, todos olharam para mim. Sérgio, lógico, abriu um sorriso e disse que estava apenas brincando. O professor levantou-se, parabenizou meu colega e avisou que na próxima aula seria a vez de o Celso Cardoso falar sobre ANIMAÇÃO.

Animação

Depois da exibição do Sérgio, a turma começou a ficar ansiosa pelas outras apresentações, e o interesse pelo audiovisual só aumentou. Os alunos que iam se apresentar passaram a ser procurados por colegas com ideias ou informações interessantes para incluir nas exibições.

Para minha infelicidade, as apresentações com *slides* se tornaram obrigatórias depois do Sérgio. Mais uma vez entramos na sala e a parafernália estava montada: projetor, computador,

slides... Por que não pensei nisso? Sentamos e Celso Cardoso, magrelo, de óculos e boné, do alto de seus 1m80, iniciou sua apresentação com a imagem que aparece na página anterior: uma sequência de 16 quadros fotográficos utilizados na primeira animação feita por Eadweard Muybridge em 1878. O princípio usado aqui é o mesmo para a animação *stop motion*.

Com apenas um toque no teclado, o *slide* mudou para a animação das imagens em sequência, dando vida tanto ao cavalo quanto ao cavaleiro. Enquanto assistíamos à animação, Celso começou a falar sobre o princípio básico da animação em *stop motion*, técnica que cria movimento a partir de imagens estáticas. No caso apresentado, a imagem contava com 16 quadros por segundo, mas em geral são utilizados 24 ou até 48 quadros por segundo. Essa é apenas uma das técnicas de animação em *stop motion*, na qual se fotografa um quadro, movimenta-se um objeto (que se deseja ser animado) e se fotografa novamente em sequência.

Com o tempo, realizadores descobriram que poderiam animar objetos e criar efeitos visuais com personagens que não fossem humanas. Surgiram então novas técnicas de animação, sendo as principais: *stop motion*, desenhos 2D, *pixilation* e modelagem 3D.

- *Stop motion*: produzida quadro a quadro, essa técnica despertou a imaginação de diversos realizadores. A possibilidade de dar vida a objetos deu asas à criatividade de muitos artistas, e logo surgiram trabalhos com areia, massinha de modelar, dobradura, parafusos, moedas, fios, botões etc. Na verdade, esse efeito de movimento é causado por uma ilusão de ótica: quando imagens sequenciais mudam mais de 12 vezes por segundo, nosso cérebro não percebe a mudança e passamos a ver essas imagens num movimento contínuo. Essa técnica foi e ainda é bastante utilizada pelo cinema para produzir efeitos especiais, como dar vida a robôs, esqueletos e objetos que voam. São exemplos de programas que utilizam *stop motion* o ANIMATORDV e o MONKEY JAM.

- Desenhos 2D: são os famosos desenhos animados, nos quais o artista desenha quadro a quadro para criar os movimentos das personagens, desenhando um mínimo de 24 desenhos por segundo. Por esse motivo essa técnica, além de exigir muito do artista, também leva bem mais tempo de produção. Se imaginarmos que são 24 desenhos por segundo, 60 segundos por minuto e 60 minutos por hora, um filme de uma hora em animação 2D exige um mínimo de 86.400 quadros desenhados, pintados e finalizados. Esse cálculo também pode ser utilizado para qualquer animação em *stop motion* ou *pixilation*.

- *Pixilation*: técnica em que pessoas são fotografadas quadro a quadro, simulando movimentos que são captados como na animação em *stop motion*. Fotografa-se a personagem, ela se move na direção desejada, fotografa-se novamente e assim por diante, como se estivéssemos animando um objeto. Esse efeito dá a ilusão de transformar o ser humano em um boneco ou ser inanimado. Com essa técnica podemos fazer a personagem deslizar por um ambiente sem se mover, levitar etc. A animação acaba "eletrizando" a pessoa filmada, vindo daí o termo "pixilate" que significa "enfeitiçar", "eletrizar".

- Modelagem 3D: surgiu à medida que os computadores e softwares dedicados à animação foram evoluindo. Exige um ótimo conhecimento de computação gráfica e basicamente trabalha com a criação virtual de formas, objetos, pessoas e personagens animados. Diferentemente das técnicas anteriores, aqui não há captura quadro a quadro, mas a criação continua do movimento através da animação do objeto ou personagem por meio da programação de um software específico, como BLENDER e ART OF ILLUSION. O artista cria, modela, pinta, insere texturas, iluminação e movimentos nos objetos ou nas personagens criadas. A vantagem dessa técnica é que, uma vez criada e modelada uma personagem, podemos aplicar-lhe qualquer movimento apenas programando-a. Podemos também determinar que ângulos de câmera, proporção e dimensão da personagem queremos e até utilizar a personagem virtual num cenário real.

De repente, nossa colega Simone pediu a palavra.

— Quem vai conseguir lidar com um programa desses? O pessoal da Disney demora anos para fazer uma animação! Não vamos saber fazer isso...

Celso mudou o *slide* e nos mostrou alguns programas gratuitos bem mais simples, mas concordou com o fato de que a animação em 3D exige muito tempo e dedicação. Porém, explicou que a técnica é praticamente obrigatória quando se trata de animação. Afirmou ainda que para fazer animações em *stop motion* ou *pixilation* há softwares livres disponíveis na internet com videoaulas de como trabalhar com esses programas. Concluiu dizendo que a animação possibilita produzir cenas impossíveis de gravar na vida real e que não existe obrigatoriedade de fazer um filme de animação utilizando apenas uma técnica. Por fim, explicou que a soma de técnicas diferentes com cenas reais em vídeo aumenta a liberdade de criação.

O professor parabenizou Celso pela bela apresentação e avisou Simone Alessandra que ela seria a próxima a falar. Seu tema era o DOCUMENTÁRIO.

Documentário

> "Eu sou o cine-olho. Tomo os braços de um, mais fortes e hábeis, tomo as pernas de outro, mais bem construídas e mais velozes, a cabeça de um terceiro, mais bonita e expressiva e, pela montagem, crio um homem novo, um homem perfeito."
>
> Dziga Vertov

Quando entramos na sala de aula, na semana seguinte, deparamos com essa frase no *slide* inicial da apresentação da Simone sobre documentários. Ninguém entendeu nada: cine-olho? Dziga o quê? Nosso professor leu a frase e felicitou Simone pela escolha da introdução ao tema. Senti-me um zero à esquerda e comecei a achar que a minha apresentação havia sido a mais pobre e burocrática de todas. Ela então começou.

— Esse é um fragmento de texto de um cineasta russo chamado DZIGA VERTOV, um dos pioneiros na criação e realização de documentários. Escolhi esse trecho porque ele ilustra, de certa forma, o conceito de criar e fazer um documentário. Como? Bom, um documentário, a princípio, é construído com imagens captadas da realidade que depois serão montadas seguindo um roteiro preestabelecido por quem está realizando a obra audiovisual. Mas o produto final, o filme ou videodocumentário, não pode ser considerado uma reprodução fiel da realidade porque a história a que estamos assistindo foi escrita por alguém, no caso, o realizador. Vertov diz na frase que o "realizador" na verdade é o "cine-olho" que capta imagens de vários homens, mas na hora de montá-las escolhe os braços de um, as pernas de outro e a cabeça de um terceiro para criar a sua visão desse homem que ele, realizador, construiu. O "homem" apresentado na montagem não existe literalmente na vida real, mas apenas uma representação dele idealizada pelo realizador. Deu pra entender?

Um silêncio fúnebre invadiu a sala. Ninguém tinha coragem de dizer nada. Realidade, representação da realidade, Vertov... Estávamos no ensino médio, a Simone queria o quê? Um debate sobre cinema russo? Depois de alguns segundos de constrangimento, ela continuou.

— Vou tentar ser mais clara. O que me fascina num documentário é a ideia de ele ser baseado em fatos reais, em apresentar uma história ou personagens reais e não de ficção. Saber que aquilo existe e está acontecendo em algum lugar me deixa bem mais interessada do que ficar criando uma história qualquer com explosões, armas e palavrões para atrair a atenção do público. A vida real nos fornece muito mais conteúdo para fazermos um filme que todos os roteiristas juntos. E o legal é que o fato de realizarmos um documentário não nos tira o trabalho e o prazer de criar e imaginar uma história. Para realizarmos um documentário baseado na realidade temos de criar e imaginar "como" essa história pode se comunicar e se identificar com o público. Precisamos construir um retrato de um homem que eu imagino como realizadora, com fragmentos de imagens de todos os homens que gravei durante a produção do documentário.

Diaulas, aluno do fundão da sala, levantou a mão e disse não ter a mínima ideia de como começar um documentário. E emendou:

— Se não há um roteiro, como vamos iniciar um filme?

Simone respondeu logo que é mais simples do que se imagina iniciar um projeto de documentário. Ela começou a avançar os *slides* com diversas imagens do cotidiano: um operário no alto de um edifício em construção, um operador de telemarketing, uma alpinista, um trabalhador rural, um professor, um motorista de ônibus, um açougueiro, uma diarista etc. Então disse:

— Todo mundo tem uma história de vida interessante, dependendo da forma como nós a contamos. Um operário da construção civil, por exemplo, pode nos apresentar um universo desconhecido de perigo, dificuldades e desejos que esses trabalhadores vivem ao construir um prédio gigantesco no qual, depois de pronto, nunca mais pisarão, ou uma diarista que trabalha em casas maravilhosas e vive num barraco, ou a vida de um zelador de escola. Basta que tenhamos um tema para começar.

O próximo *slide* continha as palavras:

TEMA   PESQUISA   CAPTAÇÃO DE IMAGENS
ROTEIRO   MONTAGEM

Simone prosseguiu:

— Ao contrário de um filme de ficção, num documentário não é preciso imaginar a história, mas determinar o TEMA a ser trabalhado, depois organizar uma PESQUISA prévia sobre ele, levantar uma lista de pessoas e personagens para entrevistar e conhecer mais profundamente o assunto. A partir daí, identificamos O QUE nos interessa nesse tema e elaboramos um plano de entrevista com perguntas-chave comuns a todos, deixando sempre uma abertura para novas perguntas e respostas que surgirão, pois nunca sabemos exatamente para onde o tema vai nos levar. Podemos escolher um tema específico, como "o crescente número de prédios e condomínios fechados nos bairros" e descobrirmos, pelas entrevistas, que a situação dos trabalhadores na construção civil é muito mais importante. Então teremos de fazer uma mudança de tema para realizarmos um filme mais interessante, relevante e original.

Logo após essa pesquisa prévia e o levantamento de personagens entrevistadas, partimos para a CAPTAÇÃO DE IMAGENS. Além das entrevistas, necessitamos também gravar imagens de composição para o universo escolhido. Essas imagens nada mais são que a rotina das personagens. Se for sobre operários da construção civil, as imagens serão do prédio que está sendo construído, das máquinas utilizadas e do ambiente de trabalho. Também é interessante gravar imagens dos entrevistados em seu ambiente familiar. Isso os aproxima dos espectadores. Depois de realizar esse processo, assiste-se a todo o material gravado, selecionando os momentos mais importantes e interessantes para compor uma história. Em seguida, transformamos esses momentos selecionados em um ROTEIRO de imagens, sons e diálogos que serão montados num filme ou vídeo. É na MONTAGEM que praticamente o filme nasce, e por meio dela percebemos a história que estamos contando.

Simone encerrou sua apresentação exibindo um pequeno documentário com o tema grafite *versus* pichação. Foi uma ótima forma de ilustrar o que havia dito, pois gerou várias perguntas sobre esse gênero de documentário tão difícil de entender e tão fácil de comunicar. Percebemos que a maioria da classe já havia assistido a um documentário de que gostara muito. Pra mim essa havia sido a melhor apresentação até o momento...

Simone concluiu falando de três sites/blogues especializados em documentários: DOC VERDADE, PORTA CURTAS e CURTA O CURTA.

O professor encerrou a aula puxando os aplausos para a apresentação da Simone e já preparando o André Okuma para falar sobre videoclipe musical. Eu me ofereci para ajudar Simone a desmontar o telão, desligar o computador e levar tudo para a sala de audiovisual da escola. Claro que Celso, Okuma, Sérgio e Diaulas se juntaram para rir da minha cara, dizendo como eu estava sendo "prestativo" com minha colega. Tentei argumentar minha ajuda desinteressada, mas eles eram maioria. Enquanto eu carregava o material, a Simone ajeitou o cabelo, reposicionou os óculos e me olhou. Por dois segundos a mais que o normal, dois segundos... E ensaiou um leve sorriso de agradecimento. Nunca imaginei que a brincadeira daqueles palhaços da sala serviria para nos aproximar um pouco mais. Desci todos os lances de escada da escola até o audiovisual sem sentir o peso de tudo aquilo, pois a Simone nunca havia ficado tanto tempo ao meu lado. Não falamos nada durante o trajeto. Nem era preciso.

Videoclipe musical

Mesmo antes de entrarmos na sala, ouvimos a música "Quinta-feira", da banda Charlie Brown Jr. O videoclipe era exibido no telão e André já aguardava para iniciar sua apresentação. Quando o clipe terminou, estávamos sentados e a galera começou a pedir outro clipe. Timidamente, André sorriu e disse que já tinha preparado outro para ilustrar sua apresentação. Deixou rolar, então, o clipe da música "Só os loucos sabem" também da banda Charlie Brown Jr.

Quando o segundo clipe terminou, o pessoal pediu mais um e o André, meio sem-graça, disse que só tinha trazido aqueles dois. Diante do protesto de alguns alunos, o professor entrou em cena lembrando que se tratava de um seminário, não de um canal de clipes. Depois dos risos, nosso amigo pôde iniciar sua fala.

— Trouxe estes dois clipes para que possamos perceber a dinâmica de produção de um videoclipe musical. Sei que dificilmente a sala vai escolher fazer um videoclipe, mas é interessante saber como se produz um. O videoclipe surgiu com o mesmo cara que a Simone citou aqui na semana passada: Dziga Vertov.

— De novo esse cara! — alguém exclamou.

— De novo — André concordou. — Vertov fez um filme experimental que mesclava imagens, música e efeitos de montagem chamado *O homem com a câmera* em 1929, que já apresentava elementos básicos que deram origem aos videoclipes como conhecemos hoje, com imagens, música e montagem não linear da história, tendo como fundamento a música e não a história por meio das imagens. Nos anos 1960, o videoclipe se popularizou com os Beatles; devido ao seu grande sucesso e à enorme quantidade de *shows* que precisavam fazer, eles gravavam videoclipes de suas músicas que eram exibidos nas emissoras de TV em que não poderiam se apresentar.

André prosseguiu:

— Com o surgimento das câmeras de vídeo e dos videocassetes, houve uma onda de produção de videoclipes nos anos 1980, impulsionada pela criação da MTV (que fechou em 2013). Montagens fragmentadas e aceleradas, com planos (imagens) curtos, justapostos e misturados, narrativas que não seguem uma ordem cronológica, multiplicidade visual, riqueza de referências culturais e forte carga emocional nas imagens apresentadas marcaram as novas produções. Mas vamos ao que interessa: como produzir um videoclipe?

André estava empolgado.

— Se prestarmos atenção ao clipe do Charlie Brown Jr. "Só os loucos sabem", vamos perceber que há duas LOCAÇÕES onde a banda gravou: um casarão antigo e um carro em movimento numa estrada. Há também outras locações com outras personagens que não são da banda. As cenas que não mostram a banda tocando chamamos de DRAMATURGIA, porque são cenas criadas para dramatizar a música e criar uma história paralela. No caso desse videoclipe, as personagens que aparecem ilustram o tema da música apresentando vários tipos de loucura, no bom sentido, uma contemplando a cidade do alto, outra saindo para uma viagem sem destino etc. Essas cenas realçam o tema da música de que só os loucos sabem viver, porque seguem sua intuição.

Sérgio aproveitou para perguntar:

— Como eles fazem para sincronizar a música com todas as imagens?

André respondeu:

— A SINCRONIA é feita de forma simples. Com um aparelho portátil nós tocamos a música inteira para a banda usar como referência e tocar junto, e gravamos do início ao fim mantendo o plano. Depois mudamos a locação, tocamos a mesma música de fundo novamente e gravamos tudo outra vez, do início ao fim da música, com outro plano a mesma coisa, e assim por diante em todas as locações. A sincronia é feita pela música de base no *play* portátil. Depois, na edição, nós sobrepomos as trilhas de vídeo com as várias gravações e substituímos o som de base do portátil pela música original. Basta escolhermos as imagens que vão entrar em cada momento da música.

— Já as cenas de dramaturgia são sempre criadas como uma história paralela à letra da música, que pode reforçar a letra ou não. Por exemplo, se a letra conta a história de uma separação amorosa, a dramaturgia pode mostrar um casal já separado, cada um tentando seguir sua vida, mas ainda pensando um no outro; se a letra diz como é difícil ter sucesso na vida, a dramaturgia pode mostrar cenas de alguém passando por um momento de fracasso. Tudo isso intercalado com as cenas da banda ou do músico tocando, cantando e também dançando. Podemos ainda juntar a tudo isso imagens gráficas, letras distorcidas, sobreposição de gravuras, tudo que a música permitir. O mais importante é não prejudicar a música; ao contrário, o videoclipe deve enaltecê-la, fazer as pessoas gostarem ainda mais dela ao ver o clipe.

O professor se dispôs a fazer uma primeira pergunta, coisa que não tinha feito antes a nenhum outro aluno, deixando André nervoso e inseguro.

— Para produzir um videoclipe se gasta quanto? E existe um software específico para a criação de um videoclipe? — perguntou ele.

— Bom, na verdade — começou ele gaguejando —, muita gente produz videoclipe sem grana alguma, ou com muito pouco dinheiro. Se uma banda te convida para produzir um videoclipe de baixo orçamento, o ideal é começar procurando boas locações pelas quais não se precisa pagar para gravar. Depois se estuda a música para ver que imagens podem ser criadas, imagens essas que sejam impactantes e custem pouco pra gravar, porque sempre há algum tipo de custo na hora de produzir. O mais importante é ter imaginação e criatividade para pensar em imagens legais para enaltecer a música, a banda ou o cantor. Quando não se tem dinheiro, as únicas coisas que restam são criatividade e imaginação, professor. Quanto ao software de edição, podemos utilizar qualquer um que tenha os recursos básicos de edição de vídeo.

— Muito bem! Era exatamente isso que eu esperava ouvir — disse o professor. — Isso não se aplica somente à produção de videoclipes, mas a qualquer produção artística. Sem criatividade e imaginação não temos absolutamente nada com o que trabalhar. Parabéns, André, ótima apresentação. Semana que vem terminamos nossos seminários com a apresentação do Diaulas falando sobre a videocrônica.

Videocrônica

Como de praxe, Diaulas já havia preparado o equipamento com internet para sua apresentação e começou pelo termo principal: "crônica":

— Bom, pessoal... Segundo os dicionários, crônica é a narração histórica, descritiva, na ordem do tempo em que ocorreram os fatos, ou seja, um relato de um ou mais acontecimentos em ordem cronológica que expressa as ideias e opiniões do autor. As crônicas geralmente buscam pequenos fatos do cotidiano, porém na visão pessoal do autor. Por vezes são recheadas de humor e configuram-se como relatos curtos. Nelas, o autor pode inspirar-se em suas experiências pessoais ou em notícias e fatos da sociedade. Com o avanço tecnológico e o desenvolvimento da internet, esse gênero literário passou a fazer parte também do mundo virtual e pessoas começaram a criar e a produzir vídeos no formato de crônica, emitindo suas opiniões sobre fatos de seu dia a dia. Esse gênero de vídeo surgiu em 2004, com o lançamento de um portal experimental chamado VIDEOLOG, e desde então passou a ser comum entre os jovens, chamados popularmente de "vloggers", abreviação do termo em inglês para "produtores de videocrônicas na rede". Eles fazem postagens periódicas para um público de seguidores em sites como YOUTUBE e VIMEO.

Diaulas bebeu um gole d'água, ajeitou os óculos e continuou sua explanação, enquanto acessava um site de videocrônicas.

— O interessante desse gênero de vídeo – prosseguiu – é que ele exige muito pouco ou quase nada de produção. Há vloggers que produzem seus vídeos no próprio quarto, falam sobre todos os assuntos e fazem o maior sucesso na rede. O primordial aqui é o conteúdo e a forma como a videocrônica é desenvolvida.

Enquanto Diaulas discursava, eu, furtivamente, lancei o olhar em direção a Simone, que estava do outro lado da sala. Para minha surpresa, ela também estava olhando pra mim. Nós dois nos assustamos e continuamos a prestar atenção em Diaulas.

— Hoje grande parte das pessoas tem uma câmera de vídeo, um celular ou uma câmera fotográfica que também filma. Também é comum ter um computador em casa ou na casa de amigos e podemos encontrar vários softwares de edição de vídeo gratuitos na internet, como VIDEOPAD, WINDOWS LIVE MOVIE MAKER ou VIDEOSPIN. Todos eles têm os recursos necessários para uma boa edição de vídeo. O diferencial desse tipo de trabalho são as opiniões e a forma de narrar os fatos embutidos na crônica. A videocrônica, além de imagens gravadas, permite o uso de gravuras, textos, músicas, animações e efeitos especiais, mas o que conta mesmo são as ideias – e como elas são mostradas. Por exemplo, um vlogger famoso começou a produzir e postar vídeos somente com situações que ocorrem em elevadores, claro que com muito bom humor, rapidez e textos bem elaborados. Ele fez enorme sucesso na rede emitindo suas opiniões sobre coisas simples, mas diretas e objetivas, e conquistou seu público. Assim, podemos produzir videocrônicas diferenciadas sobre um mesmo tema, pois cada trabalho terá a visão de seus realizadores, unindo os fatos propostos com nossas ideias e opiniões sobre eles. A videocrônica nos dá liberdade total de criação e podemos nos inserir como personagens, mostrando, refletindo e criticando nossa realidade.

"Conversas de elevador", de Felipe Reis
http://www.youtube.com/user/Kingsreis?feature=watch

Foi quando Celso levantou a mão e disse que a proposta era de realizar um curta-metragem e não uma série. Diaulas rapidamente concordou, mas salientou que a videocrônica é um gênero forte para expressar o que pensamos e como vemos o mundo ao nosso redor, e que sua produção, como dissera antes, independe de muitas locações, não exigindo grande investimento nem muitos participantes. Que talvez videocrônicas produzidas por pequenos grupos tivessem um alcance maior que uma única produção realizada pela classe toda. E ainda defendeu:

— A crônica em vídeo é a maneira de os jovens se expressarem na rede, é a forma como criticam, refletem, trocam experiências e se posicionam como cidadãos, sem medo de dizer o que pensam. Por isso tudo, acho que devíamos eleger a videocrônica como nosso trabalho audiovisual para este ano. É uma forma de acompanharmos uma tendência de comunicação que já faz parte do mundo virtual. Trata-se de uma linguagem consolidada e em constante aperfeiçoamento. Viva a videocrônica! Videocrônica já!

Todos caíram na gargalhada, inclusive o professor, que acalmou os ânimos para o final da aula. Ele pediu que a classe pensasse no gênero de vídeo que gostaria de fazer, pois haveria uma votação e o filme seria nosso trabalho extracurricular. Era uma responsabilidade grande, pois estávamos na terceira edição do projeto e nos anos anteriores os curtas tinham sido exibidos para toda a escola, com enorme sucesso de público. Depois dos seminários só nos restava aguardar a eleição e o resultado. Tensão total.

Quando chegou o dia da votação, o professor passou pelas fileiras de carteiras distribuindo as cédulas em branco. Cada um preencheu a sua e foi depositando na urna sobre a mesa do professor. O nervosismo era grande entre os que tinham apresentado os seminários, pois queríamos saber quem tinha convencido a classe de forma mais contundente. Assim que a votação terminou, o professor iniciou a contagem. Enquanto ele separava os votos por gêneros, nós tentávamos contar mentalmente para ver quem estava ganhando. Havia uma diferença apertada entre documentário, ficção autoral e adaptação literária, pelo que dava para perceber. Quando o último voto saiu de dentro da urna e foi aberto, o professor deu o veredito:

— Empate entre ficção autoral e adaptação literária! Documentário vem logo em seguida — disse o professor. — Vamos decidir numa votação aberta. Quem deseja ficção autoral levante o braço!

Quase metade da classe havia levantado o braço, e o professor seguiu:

— Agora, quem deseja fazer uma adaptação literária?

Também deu quase metade da classe, o professor estava contando...

— Bom, pessoal... Para minha surpresa, ganhou por apenas um braço: adaptação literária!

Devo confessar que o resultado também me pegou de surpresa, pois não achei minha apresentação boa. Sob protesto de alguns, foi escolhido o que a maioria decidiu. Íamos realizar um curta-metragem de adaptação literária. Sérgio logo ficou de cara amarrada – claro, ele já sonhava em escrever seu primeiro roteiro autoral –, e Celso disse que toparia fazer qualquer gênero. André, rindo timidamente, disse que sabia que videoclipe não ia rolar porque o pessoal não entendia nada de música, e o Diaulas ria inconformado dizendo que a classe só escolheu adaptação literária porque o professor era da área de "literatura".

Só depois fiquei sabendo que o braço decisivo, que me fizera vencer a disputa, fora o da Simone.

CAPÍTULO 2

Formando uma equipe

DEFINIDO O GÊNERO DE curta que faríamos, o professor explicou que para criar e desenvolver um projeto coletivo seria necessário criar duas frentes de trabalho: uma *equipe de criação* e algumas *equipes de trabalho*.

Para a equipe de criação o melhor seria ter voluntários que tomassem as rédeas do projeto, ou seja, se tornassem responsáveis pela criação, organização e realização do projeto como um todo. Alunos que se comprometessem em reunir esforços e vontade para que o projeto desse certo, pessoas proativas que não esperam as coisas acontecerem, mas fazem acontecer quando preciso.

A equipe de criação é responsável por criar e aglutinar ideias, resolver problemas e direcionar soluções criativas para a realização do trabalho. São pessoas que, diante de um problema, propõem soluções. Todo projeto audiovisual necessita de uma equipe assim, que seja comprometida com todos os envolvidos e com o projeto.

Já as equipes de trabalho são formadas por alunos que querem ajudar, mas não desejam ou não podem se dedicar integralmente ao projeto. São pessoas que só trabalharão quando for preciso, desempenhando funções específicas de produção ou de pesquisa. Alunos que queiram participar somente como atores, sem se envolver na produção ou ajudar apenas nos dias de gravação, dando suporte à equipe. Essas equipes de trabalho são importantes para a produção audiovisual, pois agilizam o trabalho dos criadores, seja confeccionando figurinos, fazendo a maquiagem, indicando um eletricista conhecido para ajudar a equipe, dando suporte técnico e de segurança ou simplesmente conseguindo uma locação para gravar.

Depois desse esclarecimento dado pelo professor, vocês podem adivinhar que alunos se ofereceram para a equipe de criação: Eu, Simone, Sérgio, Celso, André e Diaulas. Fomos para a frente da classe para formar as equipes de trabalho.

Estávamos perfilados diante da lousa quando aproveitei o aperto para segurar a mão da Simone e desejar sorte para nós. Ela olhou para mim e sorriu.

No intervalo das aulas, fomos até a biblioteca da escola para discutir o que cada um faria na equipe. Sabíamos que precisávamos de pessoas responsáveis para o roteiro, a direção, a produção, a fotografia, a direção de arte, a edição, a trilha sonora etc. Simone foi a primeira a pedir a produção, em seguida Sérgio e André se propuseram a fazer o roteiro, Celso se incumbiu da fotografia e Diaulas pediu a direção. Eu, como adoro computadores, fiquei com a edição e montagem do curta. Mas aí Diaulas lembrou que precisávamos de um responsável pela direção de arte. Todos olhamos para André, que topou deixar o roteiro com Sérgio e ser o diretor de arte.

Depois de dividirmos nossas funções, que o professor se recusou a definir justificando que nós mesmos deveríamos tomar essas decisões, começamos a garimpar ajudantes na sala para cada trabalho e combinamos de marcar reuniões semanais na escola. Além disso, manteríamos contato permanente pela internet, por E-MAIL, FACEBOOK e SKYPE.

A comunicação online seria muito útil para resolvermos as dúvidas e possíveis problemas de criação e produção. As reuniões presenciais seriam apenas para um relatório geral antes de passar todas as informações para o professor a cada aula. Criamos um grupo de discussões e adicionamos todos os que queriam participar.

CAPÍTULO 3

Pesquisando e estudando o tema

NA AULA SEGUINTE, o professor trouxe três contos literários para escolhermos o que seria utilizado em nossa adaptação. Depois de lê-los e debatê-los, optamos pelo conto "A partida", do escritor Osman Lins, por entendermos que seria uma adaptação viável do ponto de vista de produção: só algumas personagens, poucas locações, muitas imagens descritivas.

Com o conto em mãos, convidamos, além da equipe de criação, os alunos que gostariam de participar dos estudos do texto para iniciarmos os trabalhos de roteiro. O conto apresenta um jovem que revê o passado no dia em que saiu da casa da avó para buscar sua tão sonhada independência, mas percebe que no momento presente não tem mais a ansiedade nem o desejo de liberdade que tinha antes, sentindo-se inundado de nostalgia e saudade.

Mediado pelo professor, esse estudo foi muito útil para todos nós, pois, analisando a obra, percebemos que o conflito principal era entre juventude e maturidade. Tratava-se de alguém cujos valores mudaram com o passar do tempo, concentrando-se a ação na personagem principal "o jovem". Cientes disso, passamos a enxergar o conto com outros olhos. Entendemos que deveríamos nos concentrar mais no tema que o conto propõe que nas palavras descritas para o adaptarmos à linguagem audiovisual. Concluímos que o que acontece com a personagem poderia acontecer com qualquer um de nós. Esse foi o pontapé inicial para começarmos o projeto do vídeo.

Sérgio propôs que mudássemos a personagem masculina para feminina. Em princípio, todos ficamos receosos com a mudança, mas ele argumentou que hoje boa parte das mulheres está assumindo o papel de buscar sua independência e seguir seus desejos e sonhos, como fez a personagem.

Diaulas e Simone reforçaram a tese de que a sociedade mudou, e de que hoje há dezenas de famílias chefiadas por mulheres e são elas que buscam essa liberdade e independência. Decidimos então que a personagem masculina poderia ser feminina em nossa adaptação e que isso poderia inserir novas perspectivas de leitura sobre o mesmo texto. Nosso roteiro começaria exatamente nesse ponto.

CAPÍTULO 4

Criando a história – A elaboração do roteiro

SÉRGIO ERA O POETA da sala. Sempre se interessou por literatura, poesia, teatro, música, já tendo escrito alguns contos e participado de concursos escolares de poesia. Mas pela primeira vez ele tinha a responsabilidade de escrever um roteiro audiovisual – coisa que nunca havia feito antes. Ansioso e preocupado, aproximou-se de Simone e cochichou:

— Não tenho ideia de como começar, Simone.

— Relaxa, Sérgio! Você escreve superbem, melhor que todos nós aqui — respondeu ela, tentando tranquilizá-lo.

— Mas nunca li um roteiro, nem sei como se escreve um! — ele replicou.

— Ninguém aqui fez um curta-metragem, mas vamos aprender a fazer um. Você vai aprender a escrever um roteiro!

André ouviu a conversa e se aproximou dos dois.

— Sérgio, você conhece um programa chamado CELTX?

— O quê? Celx?

— Celtx, um programa para formatar roteiros de cinema, teatro, quadrinhos etc. — prosseguiu André. — É gratuito e muito fácil de usar. É bem parecido com o Word. Vou enviar o link por e-mail. Tem várias videoaulas no YouTube ensinando a usá-lo, vou enviar os links delas também.

Assim que Sérgio recebeu os links, baixou o programa, assistiu às videoaulas e achou que a parte mais difícil de adaptar um roteiro já tinha sido resolvida. Porém, assim que nosso amigo sentou em frente ao computador, se deu conta de que não seria tão fácil assim. O fato de gostar de literatura e de só ter escrito textos literários o fez perceber que não era apenas necessário "cortar" texto nem alterar a personagem masculina para feminina. Havia muito mais a ser considerado.

Em nossa reunião semanal, ele nos colocou este problema: adaptar não é só cortar texto. Explicando-nos suas dificuldades, começamos a debater sobre o que é importante na história: personagem, conflito, ações e reações. Chegamos à conclusão de que devíamos marcar no texto primeiramente apenas o que era possível ser gravado e eliminarmos todo o resto. Com isso, o próprio Sérgio começou a entender o processo da adaptação durante as nossas discussões, o que era realmente importante manter e o que poderia ser cortado ou substituído.

De volta ao computador, ele começou a traçar um ENREDO com as principais ações das personagens, uma espécie de esqueleto da história já com a personagem feminina como protagonista. O conto mostra um jovem se lembrando do momento em que precisou deixar a casa da avó, onde morava e com a qual foi criado desde criança, para ir para a cidade grande. Já distante, ele percebe quanto sua vida mudou e volta a se lembrar com ternura dos últimos momentos que antecederam sua partida.

Esse foi o fio condutor que serviu de base para o novo roteiro que Sérgio havia começado a escrever, agora com uma visão feminina sobre a partida. Para compor as imagens, ele recorreu às descrições do conto original. Com o enredo pronto, começou a desenvolver um ARGUMENTO, para depois transformá-lo numa ESCALETA e só então escrever a primeira versão do ROTEIRO.

Quando Sérgio nos apresentou a primeira versão do roteiro, lemos todos juntos. Ele deixou claro que era um primeiro tratamento e o texto deveria ser melhorado. Cada um deu sugestões sobre a adaptação, pequenos detalhes de fala, descrição de locação etc., e foi possível perceber que, apesar de a história, a personagem e o contexto serem diferentes do original, o conto estava presente na nova história. Conseguimos identificar todas as passagens do conto no novo roteiro.

O conflito agora era de uma jovem que deixara a casa da avó para morar em outra cidade. Ela fora estudar numa universidade pública e realizar seu sonho de ser bióloga marinha. Anos depois, prestes a se formar, a moça olha pela janela do quarto da república onde vive e relembra o dia em que se despediu da avó.

Estávamos ansiosos, pois a partir daquele momento tínhamos um roteiro para iniciar os próximos estágios do trabalho. Com a base do roteiro pronta, nosso professor nos orientou a começar a produção antes de terminar o roteiro. Sabíamos que alguns diálogos ainda não estavam bons, mas não precisávamos nos preocupar com isso naquele momento. O importante era saber *onde* iríamos gravar o curta e que locações seriam a *casa da avó* e o *quarto* da jovem estudante. Havia muitas perguntas e poucas respostas. Enquanto conversávamos, Simone tomava nota de várias informações em sua agenda. Diaulas, André e Celso já discutiam sobre possíveis locais e sobre o potencial de cada um, mas Simone acabou sendo mais realista.

— Pessoal, não adianta ficarmos discutindo sobre fotografia e direção de arte se ainda não temos as locações! — disse.

— Mas podemos começar a pensar no curta — respondeu Diaulas.

— Acho legal... Só para já ter uma ideia — disse Okuma.

— Vou trazer algumas fotos e gravuras pra gente começar a pensar no visual do filme, Simone. Não precisamos das locações ainda, são apenas referências — complementou Celso.

— Tudo bem, então. Vou procurar a casa da avó e um quarto que possa parecer uma república. Até a semana que vem já teremos as locações — encerrou Simone, fechando a agenda e saindo com o celular já no ouvido e sem olhar para mim. Mas descobri o que poderia fazer para me aproximar dela.

CAPÍTULO 5

Escolhendo as locações e iniciando a produção

TOMEI CORAGEM E LIGUEI para Simone me oferecendo para ajudar a encontrar as locações. Ela aceitou a ajuda e marcamos no dia seguinte depois da aula. Ela já havia feito uma lista de pessoas que conhecia com casas mais ou menos de acordo com o que tínhamos imaginado para realizar o curta. Além da lista, estava com uma pequena pasta em mãos.

— Para que essa pasta? — perguntei.

— Fiz um pequeno resumo do projeto, explicando que é um trabalho escolar para realizar um vídeo. Pedi para o Sérgio me enviar uma sinopse da história pra explicarmos às pessoas o que estamos fazendo — respondeu ela, já falando como uma produtora. — Também anotei que o trabalho não terá fins lucrativos, apenas culturais, e me comprometi a entregar uma cópia do vídeo depois de pronto para a pessoa saber o que fizemos com as imagens da casa dela.

— Caramba! Não tinha pensado nisso.

— Pois é, alguém tem de pensar nessas coisas — respondeu ela, abrindo a agenda e procurando a lista de endereços. — Vamos começar com as casas perfeitas para as cenas; se não der, vamos para as outras.

Realmente a Simone me surpreendeu, ela já tinha um plano traçado, já sabia o que fazer, coisa que me deixava totalmente perdido. Chegamos à primeira casa da lista. Muito linda e perfeita para ser a casa da avó. Tinha uma arquitetura antiga, do início dos anos 1970. Casa térrea, com varanda e um pequeno jardim. Muro baixo revestido com pedras. Perfeita. Tocamos a campainha e uma senhora nos recebeu. A Simone foi logo apresentando o projeto à senhora, que se chamava Lurdes. A Simone é tão danada que começou elogiando a casa e a forma como ela foi preservada e ganhou a simpatia de dona Lurdes, que até nos ofereceu um café. Depois de alguns minutos, a senhora disse que ficaria contente se sua casa fizesse parte de um filme e aceitou cedê-la para as gravações. Só precisava avisar seu marido que estava no trabalho, mas reiterou que não haveria problema algum.

Quando saímos da casa, Simone me abraçou, contente pela conquista. Percebi o perfume dos seus cabelos e não resisti, me aproximei e a beijei no pescoço.

Ela me deu um empurrão, furiosa, e disse que se eu fizesse aquilo de novo ia me arrepender. Fiquei sem ação! Tinha certeza de que havia um clima entre a gente. Mas, depois daquele balde de água gelada, fiquei mudo e sem-graça. Ela simplesmente abriu a agenda e disse que precisávamos ver a locação para o quarto onde seriam gravadas as cenas da república. Pegou o celular e tirou uma foto da fachada da casa. Inventei uma desculpa e disse que tinha outro compromisso. Ela não disse nada e nos despedimos. Fui do céu ao inferno em 15 segundos!

Na próxima reunião, sentei-me um pouco afastado do restante do pessoal. Ignorando-me totalmente, Simone mostrou as fotos das locações que ela tinha conseguido. Entregou cópias a todos, explicando que já poderiam começar a trabalhar. Diaulas e Celso adoraram a casa, e André disse que não precisariam mexer em nada, pois a casa já passava a atmosfera nostálgica que o roteiro pedia.

— Podemos ir todos juntos à casa escolhida para fotografar já pensando na decupagem das cenas e conferir se há espaço para movimentos de câmera? — perguntou Diaulas.

— Seria bom também para saber se vamos precisar de mais luz ou se a casa já é bem iluminada por dentro — salientou Celso, já interessado na fotografia.

Simone respondeu que não seria problema e que a partir das fotos já poderiam fazer um levantamento dos objetos de cena e figurinos que seriam necessários. Sérgio disse que não adiantaria falar de figurinos sem os atores escolhidos, e Diaulas revelou que já havia convidado sua avó para fazer as cenas. Ela tinha aceitado, desde que não precisasse falar nada. Para a personagem da jovem ele convidou Patrícia, a bonitinha da sala. Sérgio rebateu dizendo que Patrícia era bonita, mas não tinha voz para fazer a personagem. Diaulas logo respondeu que a voz da narração não seria a dela, mas a da Simone.

— Eu? — ela perguntou. — Não quero atuar! Vou fazer a produção! — sentenciou.

— É, você — respondeu Diaulas. — Gravamos só a sua voz narrando. A voz da Patrícia realmente não dá, é aguda demais e um pouco fanhosa.

Todos ficaram calados.

— Não olhem assim, não! Estou pensando no filme, gente!

Percebemos então como tinha sido útil ter conseguido as locações antes de finalizar o roteiro. Depois de ver as imagens das locações, discutimos vários aspectos de PRODUÇÃO, de DIREÇÃO, de DIREÇÃO DE ARTE e de FOTOGRAFIA. Percebemos o que daria para fazer naquelas locações e o que teríamos de mudar no projeto inicial. Para o Sérgio também foi muito útil ver as imagens das locações, pois agora ele tinha algo concreto para pensar as cenas do roteiro e reescrevê-las.

Durante a reunião, que ia muito bem até aquele momento, Diaulas fez uma pergunta para Simone que acabou com o meu dia:

— E os dois pombinhos? É namoro ou amizade?

— Do que é que você está falando, Diaulas? — perguntou furiosa a Simone.

— O Maurício viu vocês se beijando no meio da rua!

Todo mundo riu. Vermelha de raiva e fingindo não ter ouvido nada daquilo, Simone afirmou:

— Amanhã nós vamos às locações para fotografar tudo depois da aula!

E saiu batendo a porta da sala atrás de si. Eu queria me jogar dentro do cesto de lixo.

— Valeu, Diaulas! — cuspi, furioso, e saí da sala, enquanto ele justificava que só estava dando uma força ao novo casal da turma.

Encontrei Simone no corredor e tentei dizer algo que aliviasse o que aconteceu, mas ela nem quis me ouvir e disse que não queria falar comigo, achando que eu tinha contado tudo. Tentei explicar que não tive culpa, mas ela me deixou falando sozinho.

Fazendo cinema na escola **51**

No dia seguinte, nos reunimos para visitar as locações e iniciar a pesquisa de campo para a produção. Dona Lurdes nos recebeu muito bem. Começamos a fotografar a casa, enquanto André e Celso observavam o local, a iluminação e faziam suas anotações. Simone explicava à dona da casa como seriam feitas as gravações e o que teríamos de mudar de lugar, enquanto Diaulas, com sua câmera de vídeo, já gravava e ensaiava movimentos de câmera que tinha em mente. Estávamos juntos havia duas horas e Simone ainda fingia que eu não existia. Fiquei na minha e ajudei Celso a fotografar os ambientes. De repente, chegou o marido de dona Lurdes.

— Mas o que significa isso, Lurdes? — perguntou o homem, indignado.

— Ah, João, esses são os alunos que lhe falei que vão gravar um vídeo aqui em casa, lembra? — disse a mulher, meio constrangida.

— Não quero que gravem nada, não! Não quero bagunça na minha casa. Coloca todo mundo pra fora daqui! — vociferou o homem, sumindo na cozinha.

O clima pesou e ficamos sem saber o que fazer. Dona Lurdes pediu que aguardássemos lá fora enquanto ela conversava com o marido, mas não teve jeito. Ele estava irredutível. Todo o trabalho que havíamos feito até então tinha ido por água abaixo. Foi nesse momento que aprendemos que devemos sempre obter autorização de todos os responsáveis pelo imóvel e não de apenas um. Descobrimos a importância de ter uma *autorização de uso de locação* devidamente assinada, antes de levar toda a equipe para conhecer o local.

Toda a equipe ficou decepcionada, Simone em especial. Foi a ela que dona Lurdes comunicou, depois da conversa com o marido, que não haveria mais gravação e que procurássemos outro lugar. Percebi a decepção em seus olhos. Aproximei-me e disse que, se ela quisesse, eu poderia acompanhá-la para visitar novas locações.

— Tudo bem, mas sem gracinhas desta vez! — sentenciou ela, um pouco mais animada.

No dia seguinte, fomos atrás de novas locações. A responsabilidade era grande, pois a casa da avó era imprescindível para a produção. E conseguimos. Falamos com um conhecido do André, que morava com os pais numa bela casa antiga, e todos toparam ceder a locação. Ah, todos também assinaram a autorização de uso...

CAPÍTULO 6

Selecionando o elenco

Depois da escolha das locações, a escolha do elenco é o ponto principal para uma produção audiovisual. Mesmo sabendo que a avó do Diaulas e Patrícia já haviam aceitado fazer as personagens, precisávamos saber se as atrizes funcionariam no vídeo e convenceriam como personagens.

Não podemos convidar qualquer pessoa para fazer uma personagem. Há elementos importantes que devemos levar em consideração: aspectos físicos, desenvoltura diante da câmera, naturalidade nos gestos e principalmente vontade de atuar na pele de outra pessoa, pois temos muito pouco tempo num curta-metragem para que o público se identifique. Portanto, os atores que desempenharão os papéis precisam ser escolhidos pensando na realização, não só na amizade ou na vontade de aparecer diante de uma câmera.

Não podemos convidar um adolescente para fazer um avô, por exemplo – não convenceria ninguém –, ou colocar uma jovem para fazer o papel de um rapaz, a menos que isso seja importante para a história, pois todos vão perceber que é falso e pode se tornar ridículo. A escolha da pessoa certa para a personagem é algo a que, às vezes, não damos muita importância num vídeo realizado como trabalho de escola. Mas esse vídeo pode cruzar as fronteiras da instituição escolar e participar, por exemplo, de uma mostra regional de curtas, e nesse caso ele sairá perdendo por não ter valorizado a escolha do elenco. Se o curta necessitar de uma criança, escolha uma criança para fazer a personagem, não um adolescente se fazendo passar por criança.

Outro fator importante é que devemos ter o maior cuidado com a imagem das pessoas que convidamos para participar do elenco de um curta-metragem. Não devemos expô-las ao ridículo; é preciso valorizar a generosidade daqueles que aceitaram atuar em nossa obra audiovisual. Não podemos esquecer que essas pessoas estão se expondo publicamente e um trabalho como esse exige responsabilidade e respeito.

Foi com essa preocupação que Diaulas decidiu pedir à sua avó que nos deixasse gravar algumas cenas para teste. Depois fizemos o mesmo com Patrícia. Ele precisava saber se ambas iam se entregar ao trabalho ou se se sentiriam acanhadas diante da câmera. Felizmente isso não aconteceu.

Em suas pesquisas sobre direção, Diaulas leu bastante sobre direção de atores, uma tarefa importantíssima que auxilia o trabalho de direção de um filme. Ele consiste em realizar ensaios e estudos de personagens com o elenco. Em geral, as grandes produções convidam um profissional específico para essa função, mas no nosso caso ela seria exercida pelo próprio Diaulas. Ele se reuniu com a avó, dona Eunice, e com Patrícia. Os três leram o roteiro juntos e conversaram sobre a história e sobre as personagens. Nesses ensaios, dona Eunice deu dicas importantes sobre a personagem da avó, sobre gestos e atitudes que ela teria e não existiam no roteiro. Diaulas chamou Sérgio para participar desses encontros e vários detalhes foram sendo alterados no roteiro à medida que os ensaios avançavam, tornando-o mais coerente e menos formal.

É preciso ter em mente que mesmo no caso de um roteiro em que não há diálogos é necessário que os atores saibam o que se passa na cabeça das personagens, entendam seus pensamentos, suas preocupações, seus conflitos. Descobrimos que isso se chama *trabalhar a ação interna da personagem*, ou seja, concentrar-se no que ela está sentindo naquele exato momento. Saber isso ajuda o ator a agir mais adequadamente em relação à situação durante a cena.

Como sempre, vamos aprendendo a cada nova dificuldade que surge. Simone pediu ao Diaulas que entregasse um *termo de autorização de uso de imagem* às atrizes convidadas para que elas assinassem, evitando a repetição do incidente com a casa de dona Lurdes. O termo de autorização garante que possamos utilizar a imagem das atrizes mesmo que depois elas exijam que o curta não seja exibido (por motivos pessoais ou não), prejudicando assim o trabalho de todos. Uma vez assinada essa autorização, os direitos de uso de imagem passam a ser da produção e não mais das atrizes. Como Patrícia era menor de 18 anos, a autorização foi assinada por sua mãe.

O que aprendemos com isso é que devemos sempre agir com honestidade e transparência, não omitindo nada de ninguém que estiver colaborando com um trabalho como esse.

CAPÍTULO 7

Levantando a produção

DEPOIS DE CONSEGUIDAS todas as locações e fechado o elenco, Simone pôde finalmente começar o levantamento de produção. Com o roteiro em mãos, ela iniciou uma análise detalhada de *locações*, *objetos de cena*, *figurinos* e tudo de que cada uma das cenas necessitava para a gravação. André ensinou Simone a utilizar o Celtx para fazer um CATÁLOGO DE PERSONAGENS completo. Com o programa, ela criou um banco de dados das cenas e selecionou cada objeto usado nelas, além de montar uma agenda de gravação de acordo com as datas disponíveis em cada local. Feito isso, Simone montou uma PLANILHA DE GRAVAÇÃO.

Direção e produção começaram a definir as cenas de cada dia e a ordem em que seriam gravadas, baseadas no roteiro, nas locações e nos dias de gravação. Dessa forma, um filme pode começar a ser gravado pelas cenas finais ou pelas cenas do meio: tudo depende de quais locações estarão disponíveis primeiro. Quando a agenda de gravação coincide com a ordem de desenvolvimento do roteiro, ótimo, a planilha de gravação pode seguir a ordem de cenas que a história pede, começando pela cena inicial.

Feita a planilha de gravação, nossa produtora organizou uma agenda com a ORDEM DO DIA. Assim, quando se reuniu novamente com toda a equipe, ela apresentou um plano de execução de produção detalhado para todos os dias.

Fiquei espantado com a responsabilidade da produção. Ajudando Simone em intermináveis reuniões com Diaulas, que estava dirigindo, e André, que cuidava da direção de arte, percebi quanto é importante esse trabalho para uma obra audiovisual. Descobri que, além de conseguir tudo de que o vídeo precisa, a produção tem de assegurar que tudo dê certo. Por exemplo, em uma cena em que apareça uma poltrona, o produtor precisa conseguir o móvel, transportá-lo para o local da gravação, cuidar para que ele não seja danificado durante as gravações e depois devolvê-lo a quem o emprestou.

Sorte que Simone adorava assistir aos extras de DVD, com os bastidores, para saber como tudo foi feito e sempre se oferece para organizar gincanas escolares, festas juninas, bingos beneficentes. Falou em agitar é com ela, que encontra solução para tudo. Para um produtor, essas qualidades são imprescindíveis. Realizar um evento, um espetáculo ou uma obra audiovisual demanda muita disposição para o trabalho.

O produtor deve agir com responsabilidade, agilidade e capacidade de improvisar. Caso algo dê errado, ele precisa ter uma solução na manga, um plano B. O produtor deve sempre estar atento a tudo e ser capaz de antecipar eventuais problemas que possam surgir. Precisa conhecer diversos tipos de serviço – como transporte, alimentação, locação de equipamentos, pintura, corte e costura –, conhecer profissionais de várias áreas da produção, saber onde encontrar o serviço de que necessita por um bom preço, negociar, vender a ideia do projeto a outras pessoas, unir todos da equipe e proporcionar um ambiente de trabalho prazeroso.

O produtor participa desde o início do projeto, contribuindo com ideias e soluções; depois, se encarrega de organizar os trabalhos da equipe e viabiliza a realização. Produzir é como organizar uma grande festa de aniversário: é preciso escolher o local, pensar nos convidados, nos comes e bebes, nos fornecedores e profissionais contratados, na diversão, nos presentes, no bolo, nos horários de início e término – faz-se necessário pensar em cada detalhe e cuidar para que tudo saia da forma como foi planejado. A produção é uma das funções mais importantes de um projeto audiovisual.

CAPÍTULO 8

Dirigindo um curta-metragem

DIAULAS É O CARA mais "descolado" da turma, conhece todo mundo. É amigo da galera do pagode, assim como do pessoal do *hip-hop*, dos *nerds*, dos desenhistas de quadrinhos, dos roqueiros e dos que vão à escola só para curtir e encontrar os amigos. Diaulas entra na escola cumprimentando o inspetor, o porteiro, o monitor, a servente, os professores... Sempre com um sorriso no rosto, é um cara que reúne as pessoas. Com seu cabelo encaracolado e seus óculos, de vez em quando é chamado de "o John Lennon da turma". Ele gosta de teatro, cinema, música, poesia, sabe tocar violão, é um cara e tanto. Já fez alguns vídeos em trabalhos escolares, por isso ninguém se opôs quando ele disse que queria dirigir o nosso vídeo.

Logo na nossa primeira reunião, Diaulas veio preparado com o roteiro inteiramente decupado e nos explicou a sua DECU-PAGEM cena por cena, como seria gravada, que ENQUADRAMENTOS queria, quais seriam os PLANOS do início ao fim. Incrível como ele parecia ter o filme pronto na cabeça. Lendo o roteiro ele nos mostrava, pelas fotografias das locações que havíamos feito antes, onde iria acontecer a cena, de que forma seria gravada e como ficaria na edição, que tipo de música haveria etc. Como a maioria de nós não entendia nada de decupagem, planos e enquadramentos, Diaulas nos deu uma pequena aula de direção.

Diaulas fez uma vasta pesquisa na internet sobre direção de vídeo e leu alguns livros sobre direção cinematográfica. Todos indicavam que o trabalho do diretor começava por analisar o roteiro, estudar a forma como deseja contar a história, apresentar suas personagens e conflitos por imagens e sons. Tudo começa com as seguintes perguntas: qual é o tema desenvolvido no roteiro? Quem é a personagem principal? Qual é seu objetivo? Como a história se desenvolve? Qual é o conflito principal? A personagem termina a história do mesmo jeito que começou? O que ela ganhou e perdeu durante a história? Depois de ler o roteiro, o diretor precisa responder a essas perguntas para só então começar a imaginar como vai narrar cada CENA com imagens, sons e diálogos.

Após essa análise do texto, o diretor inicia seu trabalho de decupagem, ou seja, de divisão das cenas em partes que serão gravadas. Nessa divisão, ele define que planos de câmera serão utilizados para cada TOMADA. Os principais planos cinematográficos são[1]:

---

1. Imagens retiradas do livro *Os cinco Cs da cinematografia*, de Joseph V. Mascelli. São Paulo: Summus, 2010. A exceção é a foto da página 71, que foi extraída do site Tule de Ló: tuledelo.wordpress.com.

Plano geral (PG)

A câmera vê todo o ambiente onde está o objeto da ação. Uma cidade, uma praia, uma montanha, um vilarejo etc. Mostra o universo das personagens. A personagem pode compor o plano geral ou não, mas caso ela faça parte do plano deve-se privilegiar muito mais o ambiente que a personagem, que em geral aparece de forma minúscula, dentro da imagem.

Plano aberto (PA)

O tema ou personagem já ocupa a maior parte da imagem, porém ainda percebemos sua relação com o ambiente. Percebemos quem, ou o que é a personagem, mas não detalhes dela. Nesse plano sabemos que a personagem está em determinado lugar, mas nosso foco de interesse é ela e suas ações, não o lugar.

Plano americano (PAm)

As personagens são mostradas dos joelhos para cima. Esse tipo de plano permite, por exemplo, que o público veja os mocinhos e bandidos sacarem suas armas em cenas de duelo ou saiba quem anda armado ou não. Facilita a movimentação e permite um melhor reconhecimento das personagens.

Plano conjunto (PC)

É formado pela combinação de uma personagem ou de um grupo de personagens no mesmo plano. Esse plano serve para compor outros elementos importantes para a ação numa mesma imagem. Por exemplo, alguém que espera um importante telefonema, ou um grupo de amigos na rua.

Plano médio (PM)

Apresenta a personagem pela metade, mais precisamente um pouco acima da cintura. Permite ao espectador se aproximar mais da personagem. Nesse plano percebemos somente os gestos largos e estabelecemos um sentimento de cumplicidade (empatia) ou rejeição em relação a ela.

Plano fechado (PF)

Mostra a personagem dos ombros até o alto da cabeça. Entramos na intimidade dela, nos relacionamos como alguém muito próximo que poderia tocá-la, abraçá-la ou estapeá-la. Esse plano permite entrar nas emoções e nos dramas internos das personagens.

Close-up

A câmera mostra somente o rosto de uma personagem. O close expõe totalmente os sentimentos dela – percebemos rugas de preocupação, lágrimas, hesitação, raiva e medo – e permite que o espectador entre na mente e no coração da personagem e sinta o que ela está sentindo.

Plano detalhe (PD)

É utilizado para mostrar detalhes significativos de uma personagem ou de um objeto: os olhos de uma personagem, um relógio de pulso, uma mão numa maçaneta, teclas de computador etc. Esse plano é necessário quando o espectador precisa "ver" o que está acontecendo na ação. Assim como revela detalhes, retém informações, ou seja, não mostra o objeto ou personagem por inteiro.

Plano subjetivo

É quando a câmera se torna os olhos da personagem e faz que o espectador vista a pele dela naquele momento, vendo o que ela vê, sentindo o que ela sente. É um plano bastante emocional para o espectador, podendo variar do prazer absoluto ao pavor do desconhecido.

Primeiro e segundo planos

É a forma de priorizar o elemento que deve ser mostrado ao público em termos de ação ou informação. Se uma personagem estiver esperando uma informação importante, podemos compor a imagem com a mulher em primeiro plano e a personagem olhando para ela em segundo plano.

Esses são os principais planos cinematográficos utilizados pela direção para narrar a história do roteiro em imagens. A combinação desses planos cria uma dinâmica que o espectador já está acostumado a ver em filmes, séries e novelas de TV. A decupagem do roteiro nada mais é do que dividi-lo em partes e escolher que plano será usado para gravar cada uma dessas partes.

Fazendo cinema na escola

O diretor, ao ler o roteiro, percebe que a história começa com a personagem olhando para o lado de fora de uma janela. Ouvimos a narração que descreve a antiga casa de sua avó.

Na decupagem, o diretor pode escolher começar o curta com um plano geral de um edifício residencial no centro de uma cidade grande, onde vemos a personagem, pequenininha, em meio às dezenas de janelas do edifício. Ela está olhando para a paisagem do lado de fora. Em seguida, a imagem corta para dentro do apartamento em plano aberto, com a personagem ainda olhando para fora. Assim que ouvimos a voz de narração da personagem descrever a casa da avó, a imagem corta para um plano aberto de uma casa antiga, com jardim, varanda e muros baixos. Assim o diretor começa a fazer a sua decupagem e a contar sua história com imagens e sons.

Depois de dividir o roteiro em partes para gravar e escolher o tipo de plano a ser usado, o próximo passo é desenhar um *storyboard* (veja a página seguinte), espécie de história em quadrinhos do roteiro já nos planos escolhidos pela direção.

O *storyboard* é muito útil para o diretor transmitir à equipe como quer que as cenas sejam gravadas. É uma forma de facilitar o trabalho de gravação porque todos poderão se orientar pelos desenhos das cenas. O *storyboard* não precisa ser feito por um desenhista, mas precisa transmitir a ideia de como posicionar a câmera na locação e de como os atores serão gravados e os objetos enquadrados.

Nesse momento perguntei a Diaulas como seria fazer uma cena em que não houvesse corte, e ele foi preciso na resposta:

CENA 1

NA SEQUÊNCIA: TOMADA 1   TOMADA 2   TOMADA 3

— Isso se chama plano sequência! — respondeu. — Já pensei em dois momentos com planos em sequência: a câmera passeia pelo ambiente e vai mostrando a história de nossa personagem!

Imaginem que há vários porta-retratos em uma prateleira e a câmera vai mostrando uma foto da formatura, outra do escritório onde ela trabalha, fotos dos amigos, das viagens importantes que fez etc. Um único plano mostra toda a história da personagem depois que ela saiu de casa. Isso não está no roteiro, mas podemos fazer isso para o público entender que ela já conquistou várias coisas na vida! Não é legal? Tudo isso só com um plano sequência.

André interveio:

— Vamos ter de produzir todas essas fotos?

— Produzir fotos e porta-retratos! – exclamou Simone tomando nota de tudo. E completou:

— Só vou fazer isso porque realmente a ideia é boa, Diaulas! Mas vê se não inventa mais trabalho do que já tenho!

Diaulas abraçou Simone.

— Sabia que podia contar com a minha produtora infalível! – comemorou ele. Confesso que aquele abraço me deixou com uma pontinha de ciúmes, mas tudo bem, o clima entre mim e minha colega tinha esfriado.

Enquanto decupagem e *storyboards* ficavam prontos, Diaulas manteve encontros semanais com as atrizes para leitura e entendimento do roteiro, sempre gravando esses encontros com câmera de vídeo. Mesmo não havendo diálogos entre ambas, era importante que elas se acostumassem a atuar diante de uma câmera, e essa preparação ajudou muito no desempenho da interpretação.

Outro aspecto importante para a direção é a forma de conduzir as gravações no momento de filmar. Quando a cena tem vários cortes (planos diferentes), imaginamos que devemos gravar tudo separado, um de cada vez, cortando a gravação em cada trecho da cena. Porém, mesmo sabendo que muitas produções de cinema trabalham dessa forma, não precisamos necessariamente gravar assim.

Se imaginarmos quatro ou cinco planos diferentes para uma mesma cena, isso não quer dizer que vamos gravar um plano, cortar, mudar a câmera e gravar outro plano, cortar... Isso prejudicaria o trabalho dos atores, pois eles teriam de interromper a cena várias vezes, quebrando a fluidez da interpretação. Para que isso não aconteça, posicionamos a câmera no primeiro plano e gravamos a cena inteira nesse plano. Se ela for aprovada, mudamos o plano e gravamos a cena toda de novo – e assim sucessivamente. Mas se ela não exigir tanto dos atores, ou não contiver diálogos, apenas ações cotidianas, podemos utilizar o método gravar, cortar, gravar, cortar, pois ações mecânicas podem ser repetidas muito facilmente com exatidão pelo elenco, diferentemente de cenas dramáticas com diálogos e conflitos entre personagens.

Devemos ficar espertos com o controle das gravações, não dispensando a planilha de gravação de forma alguma. Se for possível usar um monitor de vídeo para a câmera que está filmando, ótimo. Esse monitor pode ser uma TV, um tablet, um monitor LCD de computador etc. Assim as pessoas podem acompanhar as cenas gravadas e ficar atentas a possíveis falhas, erros de gravação, erros de continuidade e objetos indesejáveis aparecendo no vídeo, como fios elétricos, rolos de fita adesiva, caixas de maquiagem, reflexos em espelhos etc.

O dia para iniciarmos as gravações se aproximava e todos estávamos ansiosos para começar. Foi quando nosso professor nos reuniu para saber como ia a organização da produção e passar algumas orientações prévias. O professor começou perguntando sobre aspectos importantes, como direção de fotografia.

CAPÍTULO 9

Pensando a fotografia

AO SER QUESTIONADO sobre a fotografia, Celso ajeitou os óculos e foi obrigado a falar, coisa que raramente fazia. Ele apresentou algumas imagens de referência e fotos tiradas nas locações, que iríamos utilizar para as gravações, dando uma ideia de luz e cores para o curta.

Como não tínhamos verba nenhuma para a produção, Celso, sabiamente, focou todo o trabalho de fotografia na luz natural e aproveitou todo o tipo de abajures e luminárias para melhorar a luz em cada cena. Sua proposta foi muito bem justificada:

— Sempre gostei de fotografia, professor. Em todo curso que fiz me disseram que a fotografia é composta por luz, sombra e volume. Para fazer uma boa foto precisamos encontrar um equilíbrio entre o tema, a luz e a sombra. Sabendo também que não temos dinheiro para alugar REFLETORES, o jeito será gravar todas as cenas internas no período da manhã, quando a luz do sol penetra com mais intensidade, e aproveitar portas e janelas para as marcações das cenas. Já conversei com Diaulas e ele topou, assim teremos mais luz no ambiente e maior qualidade de imagem nas cenas. Podemos corrigir as sombras com um REBATEDOR DE LUZ feito com uma placa de isopor. Nos lugares mais escuros tentaremos controlar a luz na EXPOSIÇÃO da câmera.

— Um dos problemas recorrentes quando fazemos trabalhos em vídeo aqui na escola é a fotografia — disse o professor.

— O pessoal costuma deixar as cenas muito escuras em ambientes fechados, o que prejudica a qualidade da imagem. Se perceberem que vão gravar em um corredor com pouca luz, ou num ambiente fechado, tentem complementar a luz, como Celso disse.

— Vou acompanhar no monitor, professor. Pode deixar com a gente — respondeu Diaulas.

Percebemos que a fotografia também é um dos principais itens para a produção de uma obra audiovisual. O responsável por ela precisa conhecer os conceitos básicos de iluminação como: LUZ FRONTAL, CONTRALUZ, LUZ LATERAL e LUZ AMBIENTE, conceitos que ajudam a melhorar a qualidade da imagem na cena. Saber que se pode trabalhar com a imagem na edição também é importante esteticamente.

Na edição é possível manipular a aparência da imagem, corrigindo e trabalhando a fotografia das cenas, alterando o brilho e o contraste, deixando a imagem mais suave ou com contornos e cores marcadas, alterando a saturação da cor, deixando a imagem com cores mais ou menos intensas ou simplesmente transformando-a em preto e branco. São recursos de fotografia que podem ser trabalhados depois que as cenas foram gravadas e produzem efeitos narrativos e estéticos na obra. Porém, nunca se deve gravar pensando em corrigir depois; o objetivo deve ser captar a melhor imagem possível. A edição não faz milagres.

CAPÍTULO 10

Pensando a direção de arte

— Antes de iniciarmos a produção, devemos checar com Simone o que necessitamos para trabalhar a direção de arte — afirmou André.

Simone abriu seu caderno de produção e sentou-se ao lado dele passando por mim como se eu não existisse! Trabalhar na produção do curta com ela era difícil, porque de vez em quando eu olhava para ela e me lembrava do beijo que quase houve. Logo em seguida recordava o empurrão, mas parecia que ela tinha esquecido totalmente o episódio.

O professor nos explicou que a direção de arte nos ajudaria a construir o universo das personagens, a compor o ambiente de acordo com a história. Os figurinos, as cores e os objetos escolhidos poderiam narrar o enredo por meio de imagens sem que tivéssemos de recorrer a diálogos ou narração. Por exemplo, quando pensamos numa personagem idosa, ela não precisa, necessariamente, usar saia comprida, xale e lenço na cabeça; esses três elementos de composição de arte criam uma caricatura de avó, não uma avó de verdade. Portanto, a direção de arte precisa pensar em como serão os figurinos dessa avó, que objetos ela utilizará em cena. O diretor de arte deve pensar em "como será uma avó nos dias de hoje", provavelmente com um aspecto mais jovem do que a caricatura da velhinha com xale e bengala, fazendo tricô.

André nos trouxe algumas sugestões de roupas para avó e de decoração para a casa dela. De início achamos que não tinha nada a ver, mas ele nos mostrou que as avós de hoje são mulheres muito mais jovens que antigamente, mulheres ativas, que trabalham, se divertem, levam a vida normalmente. Essa observação mudou vários aspectos de produção, de interpretação e de criação audiovisual.

Após essa discussão, percebemos como somos influenciados por preconceitos e caricaturas. Por isso, devemos prestar bastante atenção na história que estamos contando, para só depois escolher como vamos mostrar isso no vídeo.

CAPÍTULO 11

A importância do áudio

Enquanto conversávamos sobre os objetos e figurinos que André mencionava para as locações do curta, Diaulas lembrou-se de outro detalhe essencial na produção audiovisual: o áudio.

— O professor falou sobre a fotografia, mas outro grande problema que vejo nos vídeos postados na internet, ou que foram produzidos aqui na escola, é o som. As imagens, às vezes, são bem-feitas, mas não ouvimos quase nada! Quando os diálogos não estão baixos demais, é o barulho em volta das personagens que atrapalha. Precisamos encontrar um jeito de o som ficar bom no nosso curta! — exclamou nosso diretor inconformado. — E já aviso que não entendo nada disso!

Pesquisando sobre o assunto, descobri que o áudio no cinema é tão importante quanto a imagem quando se trata de narrativa, porque ele trabalha as sensações no público e imprime noções de realidade ou de fantasia. O público embarca na história pelo som de três formas principais: SOM DIRETO, EFEITOS SONOROS e TRILHA SONORA.

Ao gravar as cenas, devemos pensar na captação do áudio. Se o plano é muito aberto, como um plano geral, os atores estarão muito distantes da câmera para haver uma boa captação de som e o volume dos diálogos ficará baixo. Para solucionar esse problema, devemos pensar em gravar a mesma cena com a câmera próxima dos atores em plano mais fechado, como o plano médio. Assim teremos a cena em plano aberto com o áudio ruim, mas também teremos a cena em plano médio com o áudio bom. Será o áudio do plano médio que utilizaremos na cena com o plano geral – sempre prestando atenção na sincronia dos lábios dos atores. Outra possibilidade é utilizar um microfone externo colocado estrategicamente escondido próximo dos atores para captar o áudio.

A captação do áudio direto precisa ser a mais nítida possível, ou seja, todo som que não fizer parte da cena deve ser eliminado. O silêncio no momento de gravar os diálogos é muito importante para que o aúdio saia limpo. Entender o que os atores dizem é entender a história do filme. Por esse motivo, a maioria das produções profissionais trabalha com silêncio total no *set* de gravação ou no estúdio. Se houver cenas com barulhos de fundo – burburinho de pessoas, sons de passos, batida de porta etc. –, eles devem ser gravados separadamente.

Se há uma cena numa festa com música tocando e pessoas dançando, e nessa cena existe um diálogo entre duas personagens, primeiro explicamos aos figurantes (convidados da festa) que a cena será gravada no mais absoluto silêncio para captar o som dos diálogos, mas que todo mundo deve fingir que está ouvindo música e dançando normalmente. Podemos tocar uma música de referência para que os figurantes saibam em que ritmo devem dançar. Depois iniciamos a gravação da cena com pessoas dançando em silêncio enquanto os atores fazem a cena. Em seguida, pedimos para todos dançarem sem música, mas conversando entre si, movimentando-se etc, e gravamos o som ambiente do salão.

Existem diversos sites na internet – como SOUNDCLOUD, FREESOUND e DIGMIXTER – que permitem o *download* gratuito de efeitos sonoros, assim como músicas para trilha sonora. Mas nada impede, caso se conheça alguém que toque um instrumento ou tenha uma banda, que se crie uma trilha sonora original.

Posteriormente, na edição, podemos juntar a cena com o áudio dos diálogos, mais o som ambiente e a música da festa. Para que tudo isso? Para que possamos ajustar o volume de cada informação separadamente e ter o controle total do áudio da cena. Podemos aumentar o volume dos diálogos, diminuir o som ambiente, ajustar o volume da trilha sonora. Se gravarmos os sons todos juntos, não conseguiremos ajustar cada elemento em separado.

É possível gravar diversos sons e trabalhá-los em programas de edição de som gratuitos disponíveis na internet, como: FREE AUDIO EDITOR, AUDACITY SOUND FORGE e EXPSTUDIO, que permitem vários efeitos de composição e manipulação de sons. Gravando o áudio, por meio desses programas podemos deixá-lo mais grave, agudo, distorcê-lo, adicionar eco, simular som de rádio, voz ao telefone e muito mais, dependendo da criatividade e do conhecimento dos recursos que o software oferece.

Essas informações foram cruciais para pensarmos as cenas que gravaríamos. Redefinimos os planos de acordo com a captação do áudio de cada cena. Assim, antecipamos os possíveis problemas referentes a isso e evitamos a frustração no momento de editar o vídeo e perceber que o som ficou ruim e não há nada mais a fazer.

CAPÍTULO 12

Equipamentos mínimos necessários

Às vésperas do início das gravações, reunimo-nos para discutir que equipamentos tínhamos e quais deles utilizaríamos para as gravações e a edição do nosso curta-metragem. Sabíamos que precisaríamos no mínimo de uma câmera e de um computador, mas qual câmera seria melhor? Que computador atenderia melhor a nossas necessidades?

Fizemos um levantamento para ver quem tinha esses equipamentos e descobrimos que André tinha uma câmera de vídeo digital portátil que gravava diretamente numa HD de 80Gb (disco rígido interno) e não usava fita nem cartão de memória. Diaulas nos mostrou seu aparelho celular, que também gravava vídeos em alta definição mas não tinha muita autonomia de gravação – teríamos de descarregar as imagens do cartão de memória para o computador à medida que fôssemos gravando as cenas. Celso tinha uma câmera fotográfica que gravava vídeos com qualidade satisfatória, e seu cartão de memória gravava mais de duas horas de imagens. Simone nos ofereceu seu tablet, que além de gravar vídeos de alta definição tinha uma tela grande de sete polegadas que funcionava como monitor de vídeo enquanto gravava – o que era ótimo para acompanhar as gravações –, porém sua memória interna não era suficiente para armazenar todo o conteúdo gravado.

Optamos pelo celular do Diaulas por dois motivos: primeiro porque gravava imagens de vídeo em alta definição; apenas substituímos seu cartão de memória por outro com mais capacidade de armazenamento. Segundo, como nosso curta-metragem não tinha diálogos, não haveria necessidade de microfone nas cenas; portanto, o aparelho com a melhor imagem, mesmo com captação de som precária, era a melhor escolha.

Ofereci apenas um tripé para câmera fotográfica. Como a câmera escolhida foi o celular do Diaulas, comprei um adaptador para fixar o celular no tripé, como se fosse uma câmera de vídeo. Isso nos daria mais estabilidade. Sérgio nos ofertou seu novo notebook, que tinha uma ótima velocidade de processador e um HD de 500 Gb, mais que suficiente para armazenar todas as cenas.

A escolha do equipamento é fundamental, mas não existe regra para isso. Tudo depende da necessidade e do material disponível. Uma câmera de vídeo é sempre bem-vinda, mas se o curta-metragem não vai utilizar captação de som podemos usar um celular ou câmera fotográfica que tenha uma resolução (qualidade) maior de imagem. Porém, se o vídeo for utilizar o som direto das cenas, deve-se optar por uma câmera de vídeo com um bom microfone.

O uso do tripé nas gravações é importante para dar estabilidade às imagens e melhorar a captação, mesmo que haja cenas com câmera na mão. Nesses casos, a câmera fica fixa ao tripé e o operador carrega os dois juntos, utilizando-o como suporte e apoiando suas hastes de base ao próprio corpo, deixando assim a câmera livre para movimentação. São recursos que aprimoram a qualidade do trabalho.

CAPÍTULO 13

Realizando as gravações

Depois de três meses de seminários, reuniões, preparação e planejamento da produção e ensaios com o elenco, finalmente chegou o grande dia: o início das gravações.

Eu, Simone e Sérgio ficamos encarregados da produção do *set* e chegamos bem cedo, por volta das 6h30, à primeira locação: o apartamento da personagem principal. Chegamos, conversamos com a moradora do apartamento (Simone havia ligado no dia anterior e combinado tudo com ela) e já começamos a trabalhar, mudando a posição dos móveis e redecorando a sala seguindo as orientações do André, responsável pela direção de arte. Em seguida, o restante da equipe chegou trazendo equipamentos, figurinos etc. A atriz só chegaria às 9h, portanto teríamos pouco tempo para preparar tudo. Enquanto eu e Simone cuidávamos da cenografia, Celso e Diaulas fixavam o celular no tripé e checavam os *storyboards* das cenas que seriam gravadas.

Por um momento parei e olhei para aquela sala toda desorganizada, com o pessoal passando de lá para cá, cuidando dos equipamentos, esticando extensões elétricas, arrumando objetos de cena, e pensei comigo: "Estamos fazendo algo importante aqui". Fui interrompido de meu devaneio por um toque em meu braço.

— Acorda, Alex! Está dormindo?! Tem um montão de coisas para fazer! Vamos! – disse Simone, carregando várias sacolas de um lado para o outro.

Depois desse breve momento de encantamento, tratei de ajudar o pessoal a aprontar o cenário das primeiras cenas. Assim que a atriz chegou, Simone a levou ao camarim improvisado no banheiro da casa para prepará-la (maquiagem e figurino). Enquanto Celso perguntava onde colocaria a câmera, Diaulas, olhando para o *storyboard*, já posicionava o tripé próximo à janela.

Simone chegou com a atriz pronta para gravar a primeira tomada e lhe deu as últimas orientações. Diaulas olhou para todos, se colocou atrás do celular fixo no tripé e disse pela primeira vez:

— Silêncio! Atenção, câmera... Gravando!

A primeira tomada do dia foi gravada da forma como havia sido planejada nas discussões e nos desenhos do *storyboard*. Enquanto a cena rolava, Simone, apreensiva, segurava forte a minha mão. Olhamo-nos com a sensação de dever cumprido e sorrimos um para o outro enquanto Diaulas dizia:

— Corta! Valeu! Vamos fazer mais uma vez, agora com o plano um pouco mais fechado...

André segurava a CLAQUETE e anotava as cenas e as tomadas. Estávamos em sintonia naquele dia. Acompanhamos as gravações das tomadas uma após a outra. Simone ia anotando na planilha da ordem do dia e controlando o SET DE GRAVAÇÃO. Ela já atuava como uma DIRETORA DE PRODUÇÃO experiente. Como não havia diálogos nas cenas, foi tudo muito rápido de gravar. Os *storyboards* sempre nos indicavam a próxima tomada. O nervosismo da atriz se dissipou meia hora depois e o trabalho rendeu bastante.

A manhã já tinha passado e conseguimos terminar nosso trabalho antes do horário previsto. Às 14h já estávamos arrumando a sala do apartamento e deixando tudo como havíamos encontrado, com cada objeto e móvel no seu devido lugar. Assim que saímos do apartamento e a dona fechou a porta, comemoramos muito. Trabalhamos duro e organizamos toda a produção do dia na noite anterior. Uma sensação de "podemos fazer um curta!" contagiou a todos e fomos direto para a casa do Diaulas começar a estudar e preparar as cenas do dia seguinte.

Chegando à casa dele, sua avó, que gravaria conosco no dia seguinte, feliz da vida ao saber que dera tudo certo nas gravações, montou uma mesa com café, suco e bolo de fubá quentinho, há pouco saído do forno. Enquanto o pessoal devorava o que havia na mesa, assistíamos com o Diaulas às cenas gravadas. A tarde se foi, e todos, cansados, resolveram ir embora, para na manhã seguinte começar tudo de novo.

CAPÍTULO 14

Excesso de confiança

NA MANHÃ SEGUINTE, chegamos novamente bem cedo à nossa próxima locação, onde seriam gravadas as cenas da casa da avó. Enquanto arrumávamos a mobília da sala, o restante da equipe chegou com os equipamentos. Assim que ficou tudo preparado para a cena, Celso pediu os *storyboards* a Diaulas.

— Esqueci em casa – respondeu ele, chateado. — Desculpe, pessoal... Na correria de sair hoje de manhã, acabei não pegando minha pasta com a decupagem e os *storyboards* das cenas. Mas não se preocupem que vai dar tudo certo. Sei exatamente o que precisamos gravar...

— Não acredito, Diaulas! – disse, irritada, Simone.

— Mas como vamos gravar sem os *storyboards*? – perguntou Celso, apreensivo. — São muitas cenas e não me lembro de tudo!

— Mas eu lembro! Pode deixar que sei exatamente o que devemos gravar e onde colocar a câmera — afirmou Diaulas.

Ficou um clima estranho no ar. Por um momento o silêncio no *set* mostrava que havia algo errado. Mas como havia dado tudo certo no dia anterior, ninguém se abalou e continuamos o trabalho. Simone encaminhou as atrizes para o camarim, improvisado na cozinha da casa, e demos início ao segundo dia de gravação.

Enquanto o elenco finalizava a maquiagem, uma discussão começou na sala. Diaulas e Celso estavam discordando sobre a sequência das cenas e os planos que seriam gravados. Eu e André tentamos ajudar a resolver a questão, mas como não acompanhamos de perto a decupagem e os *storyboards* não conseguimos ajudar em nada e o clima pesou de novo.

— Sem a decupagem e os *storyboards* não dá, Diaulas! Melhor a gente voltar para buscar. Essa primeira cena não tem esses planos, tenho certeza! — afirmou Celso.

— Claro que tem, Celso! Pelo amor de Deus! Foi assim que imaginei a cena! — respondeu Diaulas já com certa irritação.

— Isso está estranho... Prefiro perder esse tempo e ir buscar os *storyboards* para ter certeza. E se não for isso? — retrucou Celso.

Para evitar todo o trabalho perdido, decidimos continuar a gravação.

Mas nossa tentativa de continuar a gravar sem a decupagem e os *storyboards* não durou muito tempo. Depois de várias tomadas gravadas, Diaulas começou a se confundir com os enquadramentos e sugeriu que parássemos a gravação porque ele mesmo já não tinha certeza.

— Sinto muito, gente... O Celso tinha razão. Sem a decupagem e os *storyboards* não dá para fazer. Pisei feio com vocês e peço desculpas — afirmou.

— Perdemos quase o dia inteiro, Diaulas! — disse André.

— E agora? Vou dizer o que para a dona da casa? — perguntou Simone inconformada, arremessando um rolo de fita crepe no sofá, mas querendo atirá-lo na cabeça do Diaulas.

No papel de produtora, Simone resolveu explicar o ocorrido à dona da locação e verificar se seria possível gravar todas as cenas no dia seguinte. A mulher se recusou a adiar a filmagem. Todos nós entramos em pânico, porque não tínhamos como conseguir uma nova locação tão boa quanto aquela em tão pouco tempo. Diante da possibilidade de todo o projeto ir por água abaixo, Diaulas e sua avó, dona Eunice, foram conversar com a mulher. A calma e a delicadeza da avó de Diaulas convenceram a dona da casa a mudar a gravação para o dia seguinte. E assim foi feito. Perdemos um dia de trabalho, um final de semana inteiro e nosso excesso de confiança.

Aprendemos da pior maneira que só porque o primeiro dia de gravação foi excelente não quer dizer que o segundo também será. A dona da locação aceitou adiar a filmagem para o dia seguinte, mas não perdeu a chance de nos dizer que fomos desorganizados. Ela tinha toda razão.

A decepção do dia anterior serviu para unir a equipe, e todos voltamos a ter o mesmo cuidado com os detalhes e a organização do primeiro dia, principalmente porque, caso não conseguíssemos cumprir a ordem do dia, não teríamos outra chance de gravar as cenas que ficassem faltando. Tudo tinha de dar certo!

Iniciamos as gravações no horário marcado, às 9h. Com os *storyboards* e a decupagem em mãos, começamos a gravar tomada por tomada, cena por cena. Acompanhávamos tudo para ter certeza de que nada tinha saído errado.

Já pensando na EDIÇÃO do material, Diaulas tomou o cuidado de começar a gravar alguns segundos antes de os atores iniciarem a cena, ou seja, antes da ordem "Gravando!", e continuou filmando alguns segundos após o término da cena. Com isso teríamos imagens sobrando de cada tomada para facilitar o TEMPO DE CORTE na edição, caso necessitássemos de alguns segundos a mais. Esse cuidado faz uma diferença enorme para o trabalho de edição, porque ter imagem sobrando é muito melhor do que faltando.

Toda vez que havia um movimento de câmera, Diaulas ensaiava-o com as atrizes antes de gravar a tomada. Com isso, elas se sentiam mais seguras para atuar no momento da filmagem e o Celso, que operava a câmera, tinha a chance de fazer a MARCAÇÃO DE CÂMERA, ou seja, ensaiar o trajeto que deveria fazer com a câmera durante a gravação. Cuidados simples, mas que fizeram toda diferença – tanto na captação das imagens como na edição desse material. Ao final do dia, conseguimos cumprir toda nossa planilha de gravação.

CAPÍTULO 15

Editando o curta-metragem

Ao fim da gravação da última tomada, uma grande alegria contagiou a todos. O clima pesado e os conflitos do dia anterior haviam se dissipado. Desmontamos o *set* de gravação e arrumamos a locação numa felicidade tremenda. Imaginávamos que o mais difícil já passara, mas nos enganamos redondamente. O trabalho mais delicado do nosso projeto estava apenas começando: a edição do material.

Eu havia editado alguns vídeos antes, mas não imaginava que editar um curta-metragem daria tanto trabalho. No dia seguinte sentei com Diaulas em frente ao notebook novo do Sérgio e começamos a DESCARREGAR as imagens do celular. Ao abrirmos a PASTA que continha os arquivos de imagens, levamos um susto. Não conseguíamos ver nada. A câmera do celular do Diaulas gravava vídeos num formato diferente dos CODECS instalados no notebook. Acessando a internet, pesquisamos o formato de vídeo da câmera do celular (de acordo com a marca e o modelo do fabricante) para BAIXAR os arquivos específicos para aquele formato de vídeo. Depois de devidamente instalados os novos *codecs*, os arquivos apareceram com os ícones de vídeo e começamos a assistir ao material. Passamos o dia assistindo às tomadas gravadas. Mas, para editar tudo aquilo, percebemos que primeiro teríamos de organizar tudo.

A organização é o passo mais importante para iniciar um trabalho de edição. Isso faz que se perca muito menos tempo durante o processo. Separar todos os arquivos em pastas distintas – IMAGENS, EFEITOS SONOROS, MÚSICAS, LOCUÇÃO, CRÉDITOS – agiliza a localização de cada elemento de construção do vídeo e permite um trabalho mais eficiente e menos caótico.

O editor precisa trabalhar em conjunto com o diretor no processo de montagem. Todo o trabalho de criação, produção e captação das cenas terá fim com a edição. Por isso essa etapa é tão importante para qualquer projeto. Somente nesse momento saberemos se fizemos um bom trabalho desde o início ou não. A história, e o filme propriamente dito, só passa a existir de fato à medida que vai sendo construída no software de edição.

O editor não é somente um *nerd* que adora lidar com computadores e softwares, mas acima de tudo um artista, pois necessita de *sensibilidade* para escolher a melhor tomada, a melhor sequência a ser montada para que o roteiro seja claro, coeso e objetivo; e *noção de ritmo* para saber em que momento uma tomada deve iniciar e quando ela deve ser cortada para a história fluir com mais naturalidade. Porém, o editor também necessita conhecer muito sobre softwares de vídeo, áudio, tratamento de imagens, internet etc. Esse conhecimento técnico permite solucionar imprevistos e fazer pequenas correções.

O trabalho de edição exige que o público "não perceba" a edição no filme. Portanto, cada corte, cada imagem em sequência deve vir no momento exato. A inserção de efeitos sonoros deve realçar a narrativa do filme e a trilha sonora precisa imprimir mais emoção ao público. O editor deve trabalhar para não inserir nada a mais nem a menos, apenas o necessário.

O editor precisa sempre encontrar a emoção do corte.

Porém, antes de começar a edição, faltava gravar toda a narrativa em *off* – quando a narração se dá sem que o narrador apareça. Ouvimos somente sua voz, como se fosse seu pensamento ou como se ela nos contasse pessoalmente a história. Utilizamos apenas um notebook, um microfone comum e um software de áudio e gravamos num lugar com silêncio absoluto para manter a qualidade do som. Como Diaulas havia convencido Simone a gravar o *off*, dividimos toda a narrativa em frases e Diaulas dirigiu Simone durante a leitura e a gravação. A cada trecho, ele dava dicas de como a fala deveria ser dita, da interpretação correta, do tom de voz etc. Gravamos várias vezes cada frase, depois ouvimos juntos e selecionamos apenas as melhores. Feito isso, partimos para a edição.

Num primeiro momento, editor e diretor, juntos, precisam montar um primeiro corte do filme, no qual simplesmente se colocam todas as tomadas e cenas na sequência exigida pelo roteiro do começo ao fim do filme para ter uma noção do resultado por completo. Nessa etapa ainda não há preocupação com efeitos e trilha sonora, mas somente com o andamento da história.

Foi o que fizemos. Depois de passar dois dias na frente do computador, conseguimos fazer nosso primeiro corte. Nosso curta estava com 16 minutos de duração, e eu e Diaulas com um enorme sorriso no rosto. Chamamos toda a equipe, inclusive nosso professor, para assistirmos ao primeiro corte.

Reunidos e ansiosos, demos início à exibição. Um silêncio assustador permaneceu na sala do início ao fim. Eu não tirava os olhos da Simone, que assistia sem demonstrar se estava gostando ou não. O professor também não esboçava nenhuma reação. Sérgio, Celso e André não tiravam os olhos da tela. Olhei para Diaulas, que deu de ombros. Quando o curta terminou, André puxou os aplausos.

— É isso aí, galera! Muito legal ver o filme pronto! — disse André.

— Parabéns pelo trabalho, pessoal... — completou o professor.

Depois dos aplausos, um silêncio constrangedor pairou na sala. Nós nos olhávamos e ninguém dizia nada. Tentei quebrar o gelo:

— Mas não está pronto! Não colocamos a trilha ainda...

— Está chato... Muita narração! Não dá para encurtar um pouco? Quanto tempo tem? — perguntou Simone.

— Dezesseis minutos — respondeu Diaulas.

— Parece meia hora! — retrucou Simone.

— Já que a Simone mencionou, acho que o curta está com um ritmo muito lento, da metade em diante ele se arrasta! Vai dar sono na plateia, gente! — exclamou Sérgio.

— Talvez algumas cenas estejam longas demais e a narração não ajude muito — disse Celso, reticente.

— Então não gostaram do curta? — indagou Diaulas.

— O trabalho está bom, mas precisa melhorar um pouco, Diaulas. Isso é natural, pessoal. Vocês não queriam nossa opinião? Vamos sentar, assistir novamente e discutir os problemas cena por cena — sugeriu o professor.

Foi o que fizemos. Assistimos novamente ao curta, dessa vez parando cena a cena e discutindo os problemas caso a caso. Eu anotava tudo que era dito. O fato de a equipe estar reunida facilitou o processo de análise: discutimos do roteiro à direção de arte e partimos para um novo corte. As pessoas que não participaram da edição tiveram uma visão distanciada, por isso conseguiram observar falhas que não percebemos enquanto editávamos.

No dia seguinte, Diaulas e Sérgio, mais atentos ao roteiro, me ajudaram a fazer um novo corte. Diminuindo o tempo de várias tomadas, alterando cortes e até mudando a ordem de algumas imagens, conseguimos suprimir vários trechos de narração e deixamos as imagens falarem por si. Inserimos os efeitos sonoros e finalmente a trilha sonora, composta pelo Zoinho, o músico da classe, que melhorou em muito o ritmo e a fluidez da história. Acrescentamos também os créditos iniciais e finais. O trabalho mudou radicalmente: conseguimos reduzi-lo para dez minutos. Então reunimos a equipe para assistir ao segundo corte.

Dessa vez o resultado foi outro e os aplausos não foram de consolação, mas de satisfação, porque agora sabíamos que tínhamos conseguido criar e produzir um curta-metragem bom o bastante para ser exibido para a escola toda na mostra de artes no final do ano.

CAPÍTULO 16

Finalização e formato adequado para exibição

Créditos

Essa é outra parte importante a ser considerada no momento de exibir seu curta-metragem. É preciso revisar a grafia dos nomes e verificar se nenhum participante do curta ficou de fora. Os responsáveis pela produção e pela edição devem ficar atentos, pois não há nada pior que se dedicar a um trabalho voluntariamente e não ver seu nome nos créditos.

Exportando o vídeo: formatos

Precisamos saber exatamente o tipo de mídia que usaremos para exibir nosso curta: DVD, internet, celular, tablet etc. Cada mídia implica formatos diferentes de arquivo para o curta. Para isso, depois de finalizarmos a edição precisamos exportá-lo, ou seja, salvar o arquivo de vídeo em formatos diferentes: MP4, MPEG, AVI, XVID, WMV etc.

Depois de pronto, se o vídeo de curta-metragem for exibido em DVD, o formato usado será o MPEG2, com resolução de 720 × 480. Se o formato final for de alta definição, temos o HD com 1280 × 720 e o FullHD com resolução final de 1920 × 1080. Já se o destino for dispositivos móveis como aparelhos celulares, o formato será o 3GP ou MP4 com resoluções que podem variar entre 177 × 144 e 352 × 288, sendo o mais utilizado o 320 × 240. Para iPhones ou iPads, o formato será H.264 com resoluções de 640 × 480 até 1280 × 720. Para a internet, os formatos mais usados hoje são o HD (Youtube 1280 × 720) e o FullHD (Vimeo 1920 × 1080). Lembrando sempre que se a exibição for num telão de projeção os formatos mais indicados são os de definições mais altas, como o HD e o FullHD.

Há disponíveis na internet diversos programas conversores de vídeo gratuitos, como QUICK MEDIA CONVERTER, ANY VIDEO CONVERTER, VIDEOPAD e PRISM VIDEO CONVERTER.

Hoje, a produção audiovisual não se limita mais ao aparelho de DVD ou às salas de cinema: ela precisa adaptar-se à mobilidade. Todas essas ferramentas ampliaram infinitamente as possibilidades de público no mundo todo, mas devemos ficar atentos aos formatos e às novas tecnologias.

CAPÍTULO 17

Divulgação e apresentação visual

Plano de divulgação para internet

DEPOIS QUE O VÍDEO ficou pronto, pensamos em começar a divulgar o trabalho antes da exibição. Para isso, criamos um pequeno clipe do curta como se fosse um *trailer*, como as grandes produções de cinema fazem. O vídeo tinha cerca de 45 segundos e mostrava as melhores cenas e um breve resumo da história, mas sem entregar o desfecho principal. Em seguida, publicamos o clipe na internet e começamos a divulgá-lo nas redes sociais, a fim de instigar o público a comparecer no dia da estreia.

Outra ideia interessante foi produzir um clipe de bastidores da produção. Mostramos um pouco do processo de criação e produção do curta e algumas cenas sendo gravadas. Também postamos na internet. O objetivo era complementar o clipe e ajudar na divulgação.

Arte gráfica: DVD e pôster

O Celso, que é muito bom em arte gráfica, confeccionou, com fotos tiradas durante as gravações, um cartaz que transmitia todo o espírito da história. Essa mesma arte ainda foi utilizada para a confecção da capa do DVD. Alguns acham que esse tipo de trabalho não resulta em nada, mas um curta-metragem com boa apresentação já na capa instiga as pessoas a assistir ao filme. O cartaz pode também servir de divulgação por e-mail, em blogues e em sites especializados.

CAPÍTULO 18

Exibição do curta

FINALMENTE HAVIA CHEGADO o grande dia. Meses de criação, preparação, aprendizado e realização agora seriam exibidos em apenas dez minutos, durante o encerramento da mostra de artes da escola.

Chegamos cedo e, com a ajuda do professor e do técnico audiovisual, montamos um telão no pátio coberto. Como nosso professor já tinha alguma experiência em exibições desse tipo, nos aconselhou a testar todos os equipamentos de som e projeção. Levei três cópias extras do DVD para o caso de uma delas apresentar defeito.

Depois de testada a projeção, ficamos aguardando o público chegar. As cadeiras da plateia improvisada tomaram todo o pátio. Sérgio olhou para mim e disse que estava tranquilo. André e Celso andavam de um lado ao outro do pátio. Diaulas e Simone recepcionavam as poucas pessoas que entravam para a exibição e eu sentia as pernas tremendo.

Faltando dez minutos para o início, havia apenas oito pessoas sentadas entre as mais de 200 cadeiras espalhadas pelo pátio. Seria um fracasso total de público. Nossa estreia audiovisual não começava nada bem.

— Cadê o público? — perguntou Sérgio.

— Calma, as pessoas estão chegando... Vai dar tudo certo — respondi. Porém, eu pensava o mesmo que ele.

Simone e Diaulas aproximaram-se.

— Cadê o público, gente? — perguntou Simone.

— Vamos ter de arrastar pessoas das outras salas da mostra para cá, senão vai ser um desastre essa exibição! — exclamou Diaulas. — Oito pessoas e essa quantidade enorme de cadeiras é muito deprimente!

— E se a gente ficar na plateia? Serão 12 pessoas em vez de oito! — sugeriu Okuma, tentando rir da situação.

O professor surgiu na entrada do pátio olhando para o relógio.

— Pessoal, a palestra atrasou um pouco, mas o público já está vindo aí. Está tudo certo? — perguntou.

— Só falta o público, professor — respondi.

Eu e Sérgio nos olhamos. Tensão, ansiedade, decepção, nervosismo, tudo ao mesmo tempo. Nossa espera continuou por mais meia hora. As oito pessoas que haviam entrado para assistir já se levantavam para ir embora quando o público começou a chegar. Em minutos, o pátio ficou lotado e o ruído nos deixou mais ansiosos que antes. Agora temíamos que as pessoas não gostassem do filme.

O professor pegou o microfone, nos apresentou como a equipe responsável e falou sobre a ideia de trabalhar o audiovisual na escola como forma de protagonizar o aluno em seu aprendizado e fomentar o desenvolvimento de suas habilidades técnicas e artísticas. Ele nos parabenizou pelo trabalho e disse que o público ia se surpreender com o resultado.

A frase final ele não deveria ter dito. É a mesma coisa que dizer: "Vocês vão rir muito dessa piada". Mas tudo bem, ele estava tão empolgado quanto nós. O inspetor da escola apagou as luzes de serviço e apertei o *play* do DVD.

Quando o curta começou, a plateia ainda fazia barulho, mas aos poucos as pessoas foram embarcando na narração. Puxei Simone pelo braço e fomos para o fundo do pátio para observar a reação do público. Logo fomos seguidos por Diaulas, Sérgio, Celso e Okuma.

A tremedeira em minhas pernas não cessava. De repente, Simone segurou minha mão. Ela estava com os olhos brilhando, orgulhosa. Apertei sua mão e, ambos sorrindo, voltamos a assistir ao curta.

Diaulas não se continha quando a plateia reagia às cenas e cutucava Sérgio, que apenas assistia calado. André e Celso desapareceram no meio do público. O professor permaneceu em pé ao nosso lado.

Quando o curta acabou, os créditos começaram a subir e o silêncio nos causou um frio no estômago. Até que alguém começou a aplaudir e os aplausos logo se espalharam por toda a plateia. O alívio foi imediato.

Nesse momento, a felicidade foi tanta que eu e Simone nos abraçamos e, inesperadamente, começamos a nos beijar. Incrível! Eu não ouvia mais o som do público: a trilha sonora do filme funcionou como um catalizador para o nosso momento apoteótico. Aquele beijo durou até os acordes finais do filme.

Quando percebemos, todos em volta, inclusive o professor, nos observavam. A única coisa que me veio à mente foi:

— Conseguimos fazer um curta!

CAPÍTULO 19

Notas sobre o fim, ou o começo

A OPORTUNIDADE QUE nos foi dada pelo professor foi incrível. Tivemos o estímulo para criar uma obra audiovisual sozinhos, para buscar informações, aprender, pesquisar, experimentar, errar e acertar. Essa experiência marcou nossa passagem pelo ensino médio.

Diaulas Ullysses prestou vestibular e se formou em Comunicação (Rádio e TV). Realizou seus próprios curtas e documentários. Hoje, entre outros trabalhos, coordena projetos audiovisuais e administra um cineclube em sua cidade.

André Okuma também foi estudar cinema. Dirige e produz curtas e videoclipes para músicos e bandas independentes. É arte-educador e trabalha ainda como agente cultural.

Celso Cardoso continuou estudando fotografia e buscou formação na área de *design* gráfico. Além de trabalhar como fotógrafo *still* e cinematográfico, cria arte gráfica para produtoras e projetos artísticos, sendo também arte-educador.

Sérgio Pires estudou teatro, roteiro cinematográfico e filosofia. Tornou-se ator e dramaturgo. Escreve peças, roteiros de curta-metragem e documentários. Ministra cursos e projetos culturais. Chegou a coordenar a escola de cinema na qual foi aluno da primeira turma. Hoje, além de artista, é gestor cultural e produz teatro e audiovisual de forma independente.

Alex Moletta e Simone Alessandra namoraram e se casaram anos depois. Fundaram um núcleo de teatro e audiovisual. Alex formou-se em Filosofia e Simone, em Letras. Juntos produziram peças teatrais, curtas-metragens de ficção e documentários. Atuam em projetos de iniciação cinematográfica e vivem com o filho, Leonardo, e a cachorra, Pandora.

Ter a oportunidade de fazer arte não o tornará necessariamente um artista, mas por certo o transformará em uma pessoa melhor. Faça arte!

GLOSSÁRIO

AÇÕES – Aquilo que as personagens dizem ou fazem numa trama. Físicas ou psicológicas, as ações têm o intuito de fazer a história avançar.

ANIMATORDV – Programa gratuito de captura e criação de animação *stop motion* muito simples de usar. http://animatordv.com.

ANY VIDEO CONVERTER – Programa que suporta múltiplas conversões de praticamente todos os formatos de vídeo existentes, além de baixar para o computador clipes existentes no YouTube ou Google Videos. www.any-video-converter.com.

ARGUMENTO – Descrição mais detalhada da história; além das ações, há informações de tempo (quando?), locações (onde?), personagens (quem?) e de como tudo acontece na história.

ART OF ILLUSION – Programa gratuito para modelagem e renderização em 3D. www.artofillusion.org/.

AUDACITY SOUND FORGE – Software gratuito para edição e manipulação de sons. Com diversas ferramentas e efeitos, trabalha em vários formatos diferentes. http://audacity.source-forge.net/.

BAIXAR – Transferir um arquivo de um computador remoto ou servidor disponível na internet para o computador. "Baixar" é sinônimo de "fazer *download*". Já inserir um arquivo ou programa num servidor de internet chama-se "carregar" ou "fazer *upload*".

BING – Opção para pesquisa de conteúdo na internet, com dezenas de ferramentas. www.bing.com.

BLENDER – Mais conhecido programa gratuito para modelagem e renderização em 3D. www.blender.com.br.

CAPTAÇÃO DE IMAGENS – Ato ou efeito de gravar, filmar ou fotografar, por meio de recursos visuais ou audiovisuais, um tema.

CATÁLOGO DE PERSONAGENS – Área do programa Celtx (*veja* o verbete correspondente) reservada para a inserção de informações relacionadas a cada personagem do roteiro – nome, características físicas, tipo de figurino, cenas de que participa, objetos que vai utilizar etc. Esse catálogo é importante tanto para o roteirista quanto para o produtor.

CELTX – Programa gratuito para formatação de roteiros para cinema, TV, teatro, quadrinhos etc. http://celtx.en.softonic.com/.

CENA – Sequência de diversas ações acontecem num mesmo lugar, num mesmo tempo cronológico. Formada com estrutura de início, meio e fim, cada cena. E tem um mesmo tema ou unidade de ação. Por exemplo: vários acontecimentos durante a aula, dentro da sala de aula, constituem uma mesma cena. Se mudar o local, ou mudar o tempo cronológico, será outra cena.

CLAQUETE – Instrumento usado em cinema e TV para marcar cada tomada filmada ou gravada, facilitando a localização das tomadas para a edição.

CODECS – Programas que permitem codificar e descodificar arquivos de vídeo. Também são responsáveis pela identificação e reprodução desses arquivos no computador.

CONTRALUZ – A cena é iluminada de trás para a frente, marcando e valorizando os contornos dos atores e dando mais volume à imagem. Geralmente, é utilizada como correção de luz em ambiente fechado.

CURTA – Abreviação de curta-metragem. Trata-se de um filme ou vídeo com duração inferior a 15 minutos. Se tem entre 15 e 70 minutos, o filme é denominado média-metragem. Se dura mais de 70 minutos, é classificado como longa-metragem.

CURTA O CURTA – Site de exibição, distribuição e serviços relacionados ao mercado audiovisual de curtas-metragens com grande acervo de curtas de ficção, documentários, animação e experimentais. Uma opção didático-pedagógica para projetos audiovisuais em escolas. http://www.curtaocurta.com.br/.

DECUPAGEM – Processo de recortar a história, ou seja, dividir uma cena em várias partes que serão gravadas separadamente. Essa divisão permite ao diretor criar uma linguagem narrativa com a câmera, ora gravando uma imagem aberta (com todas as personagens), ora gravando uma imagem fechada (com apenas a personagem que fala). A decupagem dá dinamismo ao filme e potencializa a história para quem assiste por meio dos planos. *Veja* Planos.

DESCARREGAR – Transferir arquivos de fotos, vídeos ou áudio de uma câmera de foto, vídeo ou celular para um computador ou um dispositivo de mídia removível, como um *pendrive*, CD ou DVD.

DIÁLOGOS – Completam o que as imagens não conseguem comunicar. Revelam as ações internas das personagens e seus pensamentos.

DIGMIXTER – Site para pesquisa e *download* de músicas gratuitas de diversos gêneros. http://dig.ccmixter.org/.

DIREÇÃO – Ato de dirigir. O diretor conduz a forma narrativa visual e de áudio mais adequada para contar a história. O diretor não é aquele que manda, mas o que ouve e consegue unir as diversas ideias de toda a equipe de criadores. Ele procura dar unidade artística a uma obra audiovisual, sendo responsável por tudo que aparece no filme.

DIREÇÃO DE ARTE – Responsável pela estética visual do filme, o diretor de arte pensa em cenários, figurinos e objetos de cena, tudo para que o filme se comunique melhor, no aspecto visual, com o espectador. Ele trabalha sempre em sintonia com o produtor, o diretor e o diretor de fotografia.

DIRETOR DE PRODUÇÃO – Profissional que dirige os trabalhos no *set* de gravação, preparando as cenas antes, durante e depois de gravar. Cuida de todos os setores e auxilia toda a equipe.

DOC VERDADE – Blogue especializado em documentários ativistas voltados principalmente para questões sociais e ambientais, bem como para direitos humanos e democratização dos meios de comunicação. http://docverdade.blogspot.com/.

DRAMATURGIA – No caso dos videoclipes, trata-se da elaboração de cenas que dramatizem o tema desenvolvido pela letra da música. Cria-se uma história paralela que ilustre e complemente o que a música diz.

DZIGA VERTOV – Cineasta, documentarista e jornalista russo nascido em 1896 e falecido em 1954. Foi o grande precursor do "Cinema Verdade", um dos primeiros a pensar e teorizar a linguagem de documentário. Seu filme *O homem com uma câmera* é um marco na história do cinema, como documentário reflexivo. Vertov filmava o cotidiano de cidades russas e imprimia uma montagem com o uso do som e da imagem que revolucionou o cinema de sua época.

EDIÇÃO – É o momento de "montar" todo o material gravado, selecionando as melhores tomadas, unindo efeitos sonoros, trilha sonora, narração, créditos e legendas ao vídeo do início ao fim da história que se pretende contar. Normalmente a edição é feita num software específico com recursos de áudio e vídeo. Após a edição, a obra é salva em um único arquivo de vídeo.

EFEITOS SONOROS – Sons produzidos para compor a narrativa sonora: porta batendo, passos etc. Esses efeitos são responsáveis por transmitir realidade. Se ouvimos um tiro, acreditamos que aconteceu, mesmo não vendo o disparo.

E-MAIL – O correio eletrônico faz parte do dia a dia de todos nós, existindo inúmeros provedores que permitem a criação gratuita de endereços eletrônicos. Os mais conhecidos no Brasil são Gmail, Hotmail e Yahoo!.

ENQUADRAMENTO – Determina o que será mostrado e o que será cortado da imagem, ou seja, é um recorte de parte da imagem que direciona o foco de atenção da cena. É como se fosse uma moldura colocada diante de uma paisagem: apenas o que aparece da paisagem dentro da moldura faz parte do enquadramento. Esse recorte da imagem nos permite mostrar só o que queremos numa cena, e assim podemos contar uma história conduzindo os olhos do espectador.

ENREDO – Resumo de ações (acontecimentos) da história do começo até o fim, na ordem em que será narrada. Esse resumo deve ser o mais breve possível.

ESCALETA – É quando escolhemos o que vamos gravar do argumento, começamos a dividi-lo em cenas e locações e sugerimos alguns diálogos. *Veja* Roteiro.

EXPOSIÇÃO – Função presente na maioria das câmeras digitais de vídeo e foto. Serve para aumentar ou diminuir a entrada de luz no sensor da câmera e melhorar a qualidade da imagem em ambientes com pouca ou muita luz. Para utilizar esse recurso com mais facilidade, basta procurar por "ajuste de exposição" no manual da câmera.

EXPSTUDIO – Software que trabalha com vários formatos de áudio e oferece ferramentas para editar e manipular todo tipo de som. www.expstudio.com/.

FACEBOOK – Rede social na qual qualquer pessoa pode se cadastrar e criar um perfil, se relacionar com outras pessoas e compartilhar diversos conteúdos com quem desejar, dentro de um vínculo social virtual. www.facebook.com/.

FOTOGRAFIA – A fotografia audiovisual trabalha com a imagem em movimento. O fotógrafo é responsável pela composição de cada cena a ser gravada. Com o diretor, ele define "o que" aparece e "como" cada cena será gravada para que a imagem transmita o máximo de informações ao público. Ele se preocupa com a luz, as cores, os enquadramentos etc.

FREE AUDIO EDITOR – Software gratuito para edição e manipulação de áudio. Possibilita criar efeitos sonoros com facilidade e exportá-los em qualquer formato. http://free-audio-editor.com/.

FREESOUND – Opção para pesquisar e baixar diversos tipos de efeitos sonoros gratuitos. http://www.freesound.org/.

GÊNERO – Natureza ou elementos em comum que identificam os filmes e os distinguem de outros, como drama, ação, terror, comédia, animação etc.

GLAUBER ROCHA – Glauber de Andrade Rocha (1939-1981) foi um dos mais importantes integrantes do Cinema Novo, movimento iniciado no Brasil no começo dos anos 1960. Com o princípio "uma câmera na mão e uma ideia na cabeça", deu nova identidade ao cinema nacional, fazendo filmes com um mínimo de recursos técnicos e financeiros. Dirigiu filmes como *Terra em transe*, *O dragão da maldade contra o santo guerreiro* e *Deus e o diabo na terra do sol*, entre outros.

GOOGLE – Um dos maiores sites de pesquisa de conteúdo da internet, com imagens, textos e vídeos. www.google.com.

LOCAÇÕES – Locais em que se gravam as cenas. Uma rua, uma casa, um escritório, uma sala de aula podem ser uma locação.

LUZ AMBIENTE – Serve para melhorar a apresentação do ambiente onde ocorre a cena. Aproveitam-se luminárias, abajures e até lanternas para revelar o espaço em seus detalhes. Esse tipo de iluminação dá volume e profundidade às cenas.

LUZ FRONTAL – A cena é iluminada diretamente de frente. Em geral, posiciona-se o refletor no alto da cena para simular luz natural ou artificial vinda de cima, como a luz do sol ou uma lâmpada acesa no teto.

LUZ LATERAL – Posicionam-se os refletores de cada um dos lados da cena, a fim de diminuir a projeção das sombras ao fundo e de suavizar a luz direta nos atores ou objeto de cena.

MARCAÇÃO DE CÂMERA – Determina a exata posição da câmera dentro da cena. Ela marca o local da câmera para captar a imagem da forma como foi planejada, principalmente se há movimento de câmera durante a cena, seja com câmera na mão (livre) ou fixa num tripé. Essa marcação é muito importante para a melhor captação da imagem sem perda de enquadramento.

MONKEYJAM – Outra opção de programa para animação *stop motion* gratuito disponível na internet. http://monkeyjam.org/.

MONTAGEM – Ato ou efeito de juntar, por meio de um programa específico de edição, imagens, sons, textos, músicas e diálogos com o intuito de criar uma obra audiovisual.

ORDEM DO DIA – Lista de cenas que serão preparadas e gravadas somente naquele dia. Além das cenas, é importante informar que atores participarão de cada cena e em que horário cada uma delas será gravada. É bom que contenha também todos os telefones da equipe para eventuais contratempos. A ordem do dia é uma maneira segura de organizar o trabalho no *set* de gravação e melhorar o desempenho de todos os membros da equipe.

PASTA – Divisão de armazenamento para localizar arquivos específicos no disco rígido (HD) de um computador, como numa pasta de arquivos de uma gaveta de escritório.

PLANILHA DE GRAVAÇÃO – Tabela em que se organizam as cenas que serão gravadas de acordo com cada locação específica. Dessa planilha devem constar o número da cena, as personagens que dela participam, os horários de gravação e os locais em que cada cena será gravada.

PESQUISA – Ação ou efeito de investigar um assunto específico, buscando informações que permitam o aprofundamento do conhecimento sobre o tema.

PHOTOSTAGE – Programa gratuito, disponível na internet, que permite a criação e a apresentação de *slides*. http://photostage.softonic.com.br/.

PLANOS – São as diversas formas visuais de captar uma cena a partir de uma ideia de narrativa, ou seja, plano é a área de imagem gravada na qual determinamos o que vai aparecer na tela, de modo que forneça informações suficientes sobre a história que está sendo mostrada ao espectador e possibilite sua compreensão. Há diversos tipos de plano –

geral, médio e fechado, close, plano detalhe etc.

PORTA CURTAS – Portal de exibição de curtas-metragens de ficção, documentários e animação com um dos maiores acervos de obras divididas em categorias e áreas de interesse. De grande ajuda didático-pedagógica para projetos audiovisuais em escolas. http://www.portacurtas.com.br/.

PRISM VIDEO CONVERTER – Poderoso conversor de vídeos gratuito. O programa é capaz de converter os mais variados formatos de vídeo, como AVI, DiVX, MPEG, VOB, WMV, 3GP e FLV. http://www.nchsoftware.com/prism/index.html.

PRODUÇÃO – Criação, realização, fabricação ou geração de um objeto concreto a partir de uma ideia. O produtor é quem viabiliza a realização de um filme partindo de um projeto. Ele não é só o encarregado de "conseguir as coisas", mas tem também a função de criar, dar ideias e sugerir possibilidades de realização.

QUICK MEDIA CONVERTER – Software dedicado à conversão de diversos formatos de arquivos de vídeo de fácil utilização. Apresenta versão em português configurável no próprio painel. http://quick-media-converter.softonic.com.br/.

REBATEDOR DE LUZ – Tem a função de corrigir a luz do objeto gravado, diminuindo o contraste entre claro e escuro suavizando as sombras e melhorando assim a qualidade da imagem. Os rebatedores podem ser improvisados com placas de isopor ou placas de papelão revestidas com papel-alumínio.

REFLETORES – Equipamentos específicos para a iluminação cênica, tanto no teatro quanto no cinema. São compostos por caixa, lâmpada e lente, havendo diversos tipos para diferentes funções. Há também filtros difusores (gelatinas) coloridos para criar atmosferas específicas, como dia e noite. Sabendo utilizar os conceitos de luz, não há obrigatoriamente a necessidade de utilizar equipamentos profissionais.

ROTEIRO – Organização escrita de imagens, sons, textos e diálogos a fim de contar uma história numa obra audiovisual. *Veja também* Escaleta.

SEMINÁRIO – Aula sobre assuntos previamente determinados e estudados na qual, após uma breve apresentação do tema, há reflexões e debates sobre o assunto em pauta. Em geral é apresentado pelos alunos.

SET DE GRAVAÇÃO – Lugar onde há cenários, objetos de cena ou locação específica para uma cena de um filme.

SINCRONIA – No caso do videoclipe, é tudo aquilo que acontece exatamente junto, ao mesmo tempo, e se mantém igual no decorrer da ação. A música se desenvolve junto com a ação dos músicos da banda, por exemplo.

SKYPE – Programa gratuito que permite comunicação por voz e imagem pela internet. Basta instalar o programa e fazer um cadastro. Para se comunicar, a outra pessoa também precisa ter o programa e um cadastro válido. www.skype.com.

SLIDES – Imagens, textos, músicas ou vídeos organizados em quadros em certa sequência de apresentação por meio de um software específico para a função.

SOM DIRETO – Som captado com a câmera no momento da cena. Os diálogos dos atores são sempre captados pelo som direto.

SOUNDCLOUD – Site para *download* gratuito de efeitos sonoros. Basta fazer um cadastro para ter acesso a todo conteúdo (gratuito e também pago) que o site oferece. http://soundcloud.com/.

TEMA – Assunto que será abordado em um discurso. Matéria central de um trabalho artístico ou acadêmico. Tema principal.

TEMPO DE CORTE – É o que chamamos saber "cortar" a tomada gravada no exato momento de seu início e de seu fim. O tempo de corte determina o ritmo do filme: tomadas muito longas tornam o filme lento e chato, enquanto tomadas muito curtas podem deixá-lo confuso e sem sentido. Descobrir o tempo exato que cada tomada deve ter faz que o filme seja claro, ágil e objetivo.

TOMADA – É a menor unidade de ação dentro de cada cena, gravada sem corte. Uma cena pode ser dividida em diversas tomadas. Se dividirmos a cena da sala de aula em vários planos diferentes para cada ação, estaremos dividindo em tomadas. Toda vez que gravarmos e cortarmos criaremos uma tomada nova.

TRAJETÓRIA – Conjunto de ações e reações que a personagem desenvolve na história e acaba por determinar quem ela é verdadeiramente. Define seu caráter na trama.

TRAMA – Estrutura de acontecimentos e personagens que interagem e formam uma história. Não há história dramática sem uma trama.

TRILHA SONORA – Músicas e sons incidentais criados a fim de compor uma narrativa emocional para o filme. A trilha sonora tira o público da realidade da história e lhe desperta a emoção da cena (medo, ansiedade etc.).

VIDEOLOG – Site de mídia social em que qualquer pessoa pode se expressar por vídeos. A ideia é facilitar e compartilhar a cultura de produção de vídeos. http://www.videolog.tv/index.php.

VIDEOPAD – Programa gratuito de edição e conversão de vídeos em diversos formatos. www.nchsoftware.com/.

VIDEOSPIN – Outra opção para edição gratuita de vídeos com dezenas de recursos e ferramentas. http://videospin.softonic.com.br/.

VIMEO – Site de compartilhamento de vídeo no qual os usuários podem fazer *upload*, compartilhar e ver vídeos. http://vimeo.com/.

WIKIPÉDIA – Enciclopédia livre, elaborada com conteúdo colaborativo, que traz todo tipo de informação, em geral com fontes e referências. www.wikipedia.org.

WINDOWS LIVE MOVIE MAKER – Programa gratuito de edição com diversas ferramentas de efeitos e transições. Disponível nas versões recentes do Windows. http://windows.microsoft.com/.

YAHOO! – Portal de serviços que tem vários recursos de pesquisa. www.yahoo.com.

YOUTUBE – Maior plataforma para publicação e exibição de vídeos na internet, com dezenas de ferramentas e interatividade com redes sociais. http://www.youtube.com/.

LIVROS E SITES

Livros

ARISTÓTELES. *Arte poética*. 2. ed. São Paulo: Nova Cultural, 1996 (Coleção Os
Pensadores).
Reflexão feita por Aristóteles sobre a estrutura dramática das histórias. Em-
bora o filósofo aborde o teatro grego, seu texto serviu de origem para muitos
outros livros sobre criação literária, inclusive para roteiros de cinema.
É uma obra para ser lida e relida várias vezes.

CAMARGO, Roberto Gill. *A função estética da luz*. Sorocaba: TCM, 2000.
Embora o livro verse sobre a criação de iluminação teatral, e as reflexões que
o autor faz sobre a arte de criar imagens com a luz são muito pertinentes para
fotógrafos e diretores. Conceitos como luz e visibilidade, luz e criação, luz e
realidade, luz e atmosfera são de grande importância para quem deseja ilu-
minar uma cena para a linguagem do vídeo ou cinema.

CAMPBELL, Joseph. *O poder do mito*. 19. ed. São Paulo: Pallas Athena, 2001.
Antropólogo e mitologista, Campbell trata do poder e da importância dos
mitos e ritos de passagem para o homem, do nascimento até sua morte, retra-
tando a fascinação das pessoas pelo desconhecido e expondo suas explicações para os fenômenos naturais. Esse livro serviu de referência para a obra *A
jornada do escritor*, de Christopher Vogler.

Campbell, Joseph. *O herói de mil faces*. 9. ed. São Paulo: Pensamento-Cultrix, 2004.
Campbell reconstitui todo o mito e as trajetórias do herói, do momento em que é chamado à aventura até o momento em que retorna à sua tribo, especificando os desafios e obstáculos que o herói enfrenta em sua jornada e os arquétipos que o acompanham nessa aventura.

Comparato, Doc. *Da criação ao roteiro*. 2. ed. São Paulo: Summus, 2009.
Obra que divide com o leitor um amplo conhecimento sedimentado numa vivência prolongada do ato de escrever roteiros para o cinema e a televisão, no Brasil e na Europa. Comparato focaliza desde a ideia e os primeiros apontamentos até o roteiro final. Ao mesmo tempo que aborda a teoria, ele propõe exercícios práticos para testar a apreensão dos conteúdos.

Field, Syd. *Manual do roteiro*. 10 ed. Rio de Janeiro: Objetiva, 1995.
O autor explica como escrever roteiros de longas-metragens, método que desenvolveu trabalhando como leitor e roteirista de grandes estúdios americanos. Um livro ágil de linguagem acessível, que exemplifica sua técnica com trechos de roteiros conhecidos do grande público. O principal enfoque é sua estrutura de três atos para um roteiro.

Gerbase, Carlos. *Cinema – Direção de atores*. Porto Alegre: Artes e Ofícios, 2003.
Diferentemente de David Mamet, Carlos Gerbase reflete sobre o processo de direção colocando os atores em primeiro plano. Traça um panorama do trabalho do diretor na produção de um filme desde a leitura do roteiro, passando pelo antes, durante e depois de filmar, até o momento da exibição. Um livro que qualquer diretor, iniciante ou não, precisa ler.

Mamet, David. *Sobre direção de cinema*. Rio de Janeiro: Civilização Brasileira, 2002.
Livro que ajuda a compreender o valor da câmera na narrativa visual. O roteirista e diretor apresenta um processo de trabalho no qual o que importa é o que a câmera pode sugerir com as imagens quando justapostas. O livro baseia-se no poder de síntese da câmera para contar uma história somente com os elementos descritivos necessários – ponto importante a ser considerado na linguagem de direção.

McCloud, Scott. *Desvendando os quadrinhos*. São Paulo: M.Books, 2005.
Por constituírem uma arte visual de narrativa sequencial, os quadrinhos estão muito mais próximos do cinema do que se imagina. No livro, o autor traça a história dos quadrinhos, sua estrutura de criação e importância no

Fazendo cinema na escola **123**

desenvolvimento do homem como forma de expressar ideias e sentimentos. A obra vem no formato HQ, o que facilita a leitura e apreensão do conteúdo.

McKee, Robert. *Story*. Curitiba: Arte e Letra, 2010.
Obra indispensável para aqueles que pretendem estudar e escrever roteiros, pois trata de forma, substância e estrutura de personagens e aborda tramas para roteiros de cinema e TV. O autor explica os princípios da criação e elaboração de histórias com a experiência de quem ajudou a pensar e refletir a forma e o conteúdo que os roteiros de cinema de Hollywood têm hoje.

Moletta, Alex. *Criação de curta-metragem em vídeo digital*. São Paulo: Summus, 2009.
Esse livro apresenta uma proposta de trabalho para a criação, organização e realização de curtas-metragens em vídeo digital para produções de baixíssimo custo, possibilitando que qualquer pessoa interessada em fazer cinema crie e produza seus vídeos com estética cinematográfica.

Moura, Edgar. *50 anos luz, câmera e ação*. São Paulo: Senac, 1999.
Um dos mais completos livros sobre direção de fotografia já editados. Além de abordar conceitos e fundamentos que envolvem a criação da imagem, apresenta-os na prática fotográfica dentro do *set* de filmagem. Importantíssimo para quem deseja fazer direção ou direção de fotografia para cinema e vídeo.

Kusano, Darci Yasuco. *O que é teatro nô*. 2. ed. São Paulo: Brasiliense, 1988 (Coleção Primeiros Passos).
O teatro nô japonês é formado basicamente por uma história breve e intensa, como o curta-metragem. Conhecer essa estrutura é muito útil para a criação de curtas em vídeo.

Oliveira, Jô; Garcez, Lucília. *Explicando a arte*. 3. ed. Rio de Janeiro: Ediouro, 1999.
Obra importante para quem deseja desenvolver seu olhar artístico e compreender melhor a formas de expressão pela arte. As autoras discutem como a arte faz parte do dia a dia de cada um e como todos somos artistas de certa maneira. Com linguagem simples, somos apresentados aos diversos conceitos artísticos que envolvem a produção de uma obra, da escultura antiga ao cinema de animação.

O'Neil, Dennis; Janson, Claus. *Guia oficial DC Comics – Desenhos e roteiros*. São Paulo: Ópera Graphica, 2005.
A obra apresenta os fundamentos para a criação de histórias e personagens para HQs, explica como se estrutura um roteiro visualmente, define o que

são séries, minisséries, maxisséries e *graphic novel* de forma simples e muito bem ilustrada. O livro todo é desenvolvido com exemplos de roteiros de HQs conhecidos do grande público.

SABOYA, Jackson. *Manual do autor roteirista*. Rio de Janeiro: Record, 1992. Esse manual apresenta as técnicas para a criação e a formatação de roteiros para a TV. Aborda de forma interessante os recursos sonoros e como eles incidem na audiência. Ao fim, o autor reproduz um roteiro de sua autoria escrito para a TV e um pequeno dicionário do autor roteirista.

SARAIVA, Leandro; CANNITO, Newton. *Manual do roteiro, ou Manuel, o primo pobre dos manuais de cinema e TV*. São Paulo: Conrad, 2009. Derivado de um *workshop* sobre roteiro, trata-se de uma reflexão sobre a construção de uma narrativa visual para cinema, questionando os próprios manuais de roteiro. Ele evita as "receitas de bolo", mas reflete sobre os elementos essenciais que um roteiro precisa ter.

TRUFFAUT, Françoise. *Hitchcock – Entrevistas*. São Paulo: Companhia das Letras, 2004. Numa edição luxuosa que compõe um acervo fotográfico bem representativo da obra do cineasta inglês, Truffaut apresenta o processo de criação e os conceitos de narrativa visual do mestre do suspense em uma entrevista de 50 horas transcrita nesse livro. Para quem faz cinema não há nada melhor do que ouvir o próprio Hitchcock explicar como trabalha com a imagem e o som para contar uma história por meio de seus filmes. Um bate-papo instigante para quem gosta e produz cinema.

VOGLER, Christopher. *A jornada do escritor*. 2. ed. Rio de Janeiro: Nova Fronteira, 2005. Obra que descreve de forma magistral as estruturas míticas para a criação de histórias e personagens em roteiros para cinema. Vogler não se atém somente à técnica da escrita, mas se aprofunda nas estruturas das histórias, em seus possíveis desenvolvimentos e nas trajetórias de personagens por meio de seus arquétipos. Apesar de longo, a leitura é prazerosa.

WATTS, Harris. *On camera*. 5. ed. São Paulo: Summus, 1990. Trata-se de um manual técnico e prático baseado no curso de produção de filme e vídeo da BBC de Londres. Aborda de forma simples e direta os conceitos e cuidados que o produtor deve ter ao criar um filme ou programa de TV, detalhando todas as etapas de produção de uma obra audiovisual.

Sites

WWW.EDUCINE.COM.BR
Site dedicado ao universo audiovisual que oferece cursos, artigos, entrevistas, instituições de ensino e outros links importantes sobre a área.

WWW.FAZENDOVIDEO.COM.BR
Dedicado aos aspectos técnicos que envolvem a produção de vídeo digital, esse site fornece dicas e soluções, conceitos, princípios e normas técnicas sobre câmeras, equipamentos e acessórios, gravação e edição de vídeo, além de um completo glossário sobre termos técnicos.

WWW.KINOFORUM.ORG
Site da associação cultural de mesmo nome que desenvolve um belíssimo trabalho na área de iniciação e formação audiovisual, com oficinas realizadas em regiões da periferia de São Paulo. Também oferece um guia completo de festivais nacionais e internacionais de cinema e vídeo com todas as informações e contatos de cada um.

WWW.MNEMOCINE.COM.BR
Nesse site estão disponíveis vários artigos, história e conceitos técnicos e criativos sobre cinema. Também há indicação de cursos, links interessantes e pesquisas disponíveis, como um banco de teses acadêmicas sobre cinema brasileiro.

WWW.PORTACURTAS.COM.BR E WWW.CURTAGORA.COM
Sites especializados na divulgação e exibição online de curtas-metragens — tanto de ficção e documentário como de animação. Além de exibir os curtas-metragens na internet, trazem toda a historiografia de seus produtores, apresentam um panorama completo da produção independente de curtas-metragens no Brasil e indicam festivais e mostras nacionais e internacionais de curtas, além de livros, sites e cursos na área audiovisual.

WWW.QUICKFLICK.TV
O QuickFlick World é um festival de vídeo digital que acontece simultaneamente uma vez por mês num número cada vez maior de capitais mundiais. É uma rede global de *filmmakers* que aprende fazendo. Depois de escolher um tema mensal, curadores e produtores em cada cidade organizam a exibição dos filmes nas festas e possibilitam a conexão e o compartilhamento das criações ao redor do mundo.

WWW.ROTEIRODECINEMA.COM.BR
Site que oferece um vasto conteúdo sobre a criação de roteiros. Também fornece manuais online, cursos para criação e desenvolvimento de roteiros, grupos de discussão, indicação de livros e um banco de roteiros de curtas, médias e longas-metragens, disponíveis na íntegra, já filmados ou ainda inéditos, com autorização dos autores.

WWW.TUDOSOBRETV.COM.BR
Site dedicado à história e ao desenvolvimento da TV no Brasil. Disponibiliza depoimentos de profissionais do ramo e oferece um modelo para formatar projetos para a TV, aberta ou por assinatura. Também há uma página consagrada à telenovela, com história, curiosidades e biografias.

WWW.WIKIPEDIA.ORG.BR
Enciclopédia virtual livre na qual qualquer internauta pode publicar termos e artigos (seguindo os padrões de formatação e conteúdo determinados pelo site) sobre qualquer assunto. Excelente para pesquisas, disponibiliza um enorme conteúdo na área audiovisual com explicações simples e ágeis.

WWW.YOUTUBE.COM
Site para publicação de vídeos pessoais e produções independentes, bastando efetuar um cadastro. É o site responsável por projetar tanto trabalhos independentes como produtores desconhecidos do grande público para outras mídias convencionais, como a impressa e TV. Outros provedores nacionais, como UOL e Terra, também oferecem espaço virtual para publicação e exibição de vídeos.

Outros sites úteis

WWW.ANCINE.GOV.BR – Agência Nacional do Cinema.
WWW.CINEMATECA.COM.BR – Preservação e arquivo da produção audiovisual.
WWW.CULTURA.GOV.BR – Site oficial do Ministério da Cultura.
WWW.ECAD.ORG.BR – Escritório Central de Arrecadação de Distribuição (direitos autorais).
WWW.MIS.SP.GOV.BR – Museu da Imagem e do Som de São Paulo.
WWW.CASADOAUTORBRASILEIRO.COM.BR/SBAT/ – Sociedade Brasileira de Autores.
WWW.USP.BR/CINUSP – Site do espaço de exibição da Universidade de São Paulo.

AGRADECIMENTOS

A

André Okuma
Celso Cardoso
Diaulas Ullysses
Sérgio Pires
Simone Alessandra Moletta pela generosidade, pela parceria e pelo engajamento persistente na arte.

www.gruposummus.com.br